Nach großer Nachfrage und regem Interesse an den beiden Omas Maria und Mia hat ihre Enkelin Anja Fritzsche nun die Fortsetzung des Buches *Oma, die Nachtcreme ist für 30-Jährige!* geschrieben. Auch in den neuen Geschichten und Anekdoten beweisen die beiden rüstigen Damen, wie wunderschön das Leben sein kann – egal, wie alt man ist. Oder wie Oma Maria sagen würde: »Ein frohes Herz ist die beste Medizin.«

ANJA FLIEDA FRITZSCHE hat rheinländische Wurzeln und ist in Rosenheim aufgewachsen. Sie ist als selbstständige Künstlerin und Art-Direktorin tätig und gestaltete InStyle, BRAVO und andere Magazine. Mit Mann, Hund und Traktor lebt sie am Münchner Stadtrand.

Anja Fritzsche

»SPÄTZCHEN, 109 IST DOCH KEIN ALTER!«

*Unglaubliche Geschichten
und wahre Lebensrezepte
meiner beiden Omas*

Ullstein

Besuchen Sie uns im Internet:
www.ullstein.de

Originalausgabe im Ullstein Taschenbuch
1. Auflage Juli 2022
© Ullstein Buchverlage GmbH, Berlin 2022
Umschlaggestaltung: zero-media.net, München
Titelabbildung: © privat (Foto); © FinePic®, München
Bildteil: © NDR/Christian Wyrwa
(Anja Fritzsche mit Bettina Tietjen/ Talkshow),
© Philipp Nagel (Hochzeit von Anja Fritzsche und Nicolaus Oberberger),
© Privat (alle weiteren Fotos)
Satz: Pinkuin Satz und Datentechnik, Berlin
Gesetzt aus der Sabon
Druck und Bindearbeiten: CPI books GmbH, Leck
ISBN 978-3-548-06619-6

Für meine Mutter.
Denn ›Geht nicht!‹ gibt's nicht bei ihr!

Und für die Menschen, die ihrem Leben trotz
aller Herausforderungen positiv begegnen.

PROLOG
1997

Anja: »Ich zieh jetzt zu einer Oma.«

Schulfreundin: »Oje, geht es ihr nicht gut?«

Anja: »Doch! Doch! Ihr geht es super.«

Schulfreundin: »Wie alt ist sie denn?«

Anja: »Sie ist 88.«

Schulfreundin: »Schon? Wow! Musst du sie jetzt pflegen?«

Anja: »Nein, wieso? *Sie* verpflegt mich. Kocht mir jeden Tag meine Lieblingsgerichte. Ich kann bei ihr besser in Ruhe fürs Abi lernen. Und ich muss nicht mehr ständig von Brannenburg nach Rosenheim pendeln. Sie wohnt doch in der Nähe der Schule.«

Schulfreundin: »Das ist ja toll! Meine Oma ist leider schon im Heim.«

Anja: »Oh, schade. Meine bietet mir gerade ein neues Heim.«

Damals ist mir das nicht so bewusst gewesen, dass ich so eine rüstige Oma habe. Und nicht nur eine, ich habe sogar zwei höchst lebendige Omas.

Oma Nummer 1, eben die 88-jährige Maria Gerta, war schon immer gut drauf, obwohl oder weil sie allein in einer kleinen Mietswohnung in Rosenheim lebte. Ihr Mann war schon lange verstorben, es gab aber noch den einen oder anderen Liebhaber – die sie letztendlich alle überlebte. Sie gestaltete sich jeden ihrer Tage lebendig und schön, kochte sich täglich selbst eine frische Mahlzeit, nahm keinerlei Tabletten, sondern des Öfteren ein paar Pralinen zu sich und damit auch das ein oder andere Kilo Hüftspeck. Und in jener Zeit eben auch mich, ihre Enkeltochter, weil meine Eltern damals in Trennung lebten und ich mein Abitur schaffen musste.

Als Oma Maria 100 Jahre alt wurde, zog mein Vater Jochen, ihr jüngster Sohn, bei ihr ein, weil sie sich etwas zu schwach fühlte, den kompletten Haushalt allein zu führen. Hinzu kam ein Schwindel, der ihr die Tage manchmal erschwerte. Kein Problem, dachte er, ist ja wahrscheinlich nur für kurze Zeit. *»Und wer weiß, wie lange Oma noch lebt.«* Unser Standardsatz in der Familie.

Als weltweit einzige Patientin im Alter von 102 Jahren unterzog sich Oma Maria einer erfolgreichen Herzklappen-OP, und damit war auch der Schwindel wieder weg. Sie blühte erneut auf und konnte endlich ihr Lieblingshobby – das Reisen – wieder weiterführen. Mit 106 Jahren noch den Leuchtturm in Cap de Formentor auf Mallorca zu besuchen war im wahrsten Sinne des Wortes ein weiteres »Highlight« in ihrem fortgeschrittenen Leben.

Oma Nummer 2 heißt auch Maria – mit Zweitnamen Mathilde, genannt Mia. Sie wohnte bis zu ihrem »erst« 80. Lebensjahr in Bottrop und war noch sehr munter und »gesund«, obwohl sie rauchte. Im Gegensatz zu Oma Maria nahm Oma Mia zahlreiche Tabletten ein. Gegen Bluthochdruck, wegen ihres vergrößerten Herzens, gegen ihre Schlafstörungen, ihr Magendrücken und wiederum welche gegen die Nebenwirkungen der verschiedenen Tabletten. Eigentlich ein Teufelskreis. Sie versuchte, mit dem Tod meines Opas – ihres einzigen Ehemannes – klarzukommen, der nach langer Krankheit dann starb. Bei seiner Beerdigung wäre sie ihm am liebsten ins Grab hinterhergesprungen, so groß waren ihr Schmerz und das Gefühl der Sinnlosigkeit ihres Lebens. Oma Bottrop hatte aber nicht mit ihrer Familie gerechnet – erst recht nicht mit ihrer Tochter Ute und mir. Aufgeben war für uns nämlich noch nie eine Option gewesen, und Trübsal blasen erst recht nicht. Bei uns in der Familie sagt man auch nicht, man wird alt, sondern: »Wir fühlen uns jung.«

Also zog Oma Mia mit 81 Jahren zu meiner Mutter Ute nach Rosenheim. Vom Ruhrpott nach Bayern. Die »kurze Zeit« wollte meine Mutter es ihr noch schön machen, denn auch hier galt: »Wer weiß, wie lange Oma noch lebt!« Als Erstes hat sie Oma Mia von ihrer Tablettensucht geheilt. Gute Ernährung, viel Bewegung, gute Gesellschaft und wunderschöne Ausflüge gehörten zur »Therapie«. Mit viel Liebe und Aufopferung hat es Mama tatsächlich geschafft, dass Oma Mia ab dem 90sten Lebensjahr keine Tabletten mehr brauchte und in Bayern eine zweite Heimat fand. Man sagt zwar, einen alten Baum verpflanzt man nicht, aber in diesem Fall hat es gut funktioniert.

Dadurch hatte ich plötzlich zwei »Oma Rosenheims«, zwischen denen ich vergnügt hin und her gesprungen bin. Denn wenn ich meine Eltern besuchte, hatte ich automatisch auch gleich ihre Mütter im Schlepptau. Sehr praktisch.

Oma Marias Leben gipfelte dann darin, noch ein kleiner Star in ihrer Heimat zu werden. Wie das passierte? Mit 107 Jahren hatte sie ein Buch zusammen mit mir geschrieben. Es heißt: »Oma, die Nachtcreme ist für 30-Jährige!«, wodurch ihr Leben nochmals aufregend wurde. Oma Maria: »Und ich dachte, mein letzter Lover mit 84 Jahren wäre das Höchste der Gefühle gewesen. Aber in meinem hohen Alter noch Autogramme schreiben zu dürfen ist unbeschreiblich.«

Wer jetzt meint, ich hätte gute Gene, mag recht haben, doch möchte ich gleich hinzufügen, dass beide Omas eine ungewöhnliche Pflege bekommen und auch eine räumliche Nähe zur Familie hatten, die das hohe Alter erst möglich und vor allem lebenswert machten.

Inzwischen ist Oma Maria mit 108 ½ Jahren an den Folgen eines Autounfalls gestorben – nein, sie ist nicht selbst gefahren, aber dazu später mehr. Wäre das nicht passiert, bin ich mir sicher, wäre sie mindestens 110 Jahre alt geworden.

Oma Mia hat bis kurz vor ihrem 104. Lebensjahr mit ihrer Alzheimererkrankung für viel Stimmung gesorgt und mit ihrem Ableben der Familie noch ein einzigartiges Überraschungspaket präsentiert.

JAHR 2017
Oma Maria (107) und Oma Mia (100)

Wie kommt man zu einem Verlag?

2017 habe ich mit Oma Maria eine Facebook-Seite aufgebaut. Das kam daher, dass ich vorher die ein oder andere Geschichte mit ihr auf meiner Facebook-Seite gepostet hatte, was sehr großen Anklang fand. Oma Maria war davon hellauf begeistert und an der neuen Technik sehr interessiert. Und damit war die Idee geboren, mit ihr einen eigenen Internetauftritt zu machen, unter dem Namen: »Was macht eine 107-Jährige heute?« Das haben dann diverse Medien entdeckt und waren von Oma Maria fasziniert. So ist auch meine Buchlektorin auf uns aufmerksam geworden. Als Erstes werden wir von ihr nach Berlin in den Verlag eingeladen, um sich näher kennenzulernen. Sehr zur Freude von Oma Maria, denn das heißt: Wir verreisen wieder. Und als Mama davon erfährt, möchte sie natürlich auch mitfahren. Praktischerweise wohnt Oma Mias Sohn René (mein Onkel) auch in Berlin, weshalb aus dem geplanten »Geschäftstermin« ein einmonatiger Urlaub für die Seniorentruppe in Berlin und Brandenburg wird.

Mein Vater kutschiert seine drei Ladys (meine beiden Omas und meine Mutter) inklusive Rollator und einem Dutzend Koffern in seinem Kleinwagen Richtung Norden. Sie kommen in einem niedlichen Mietappartement mit Garten unter, wo sie sich nach und nach einleben und ihre »Ferien« genießen. Alle freuen sich, als ich drei Wochen später nachkomme und für eine Woche bleibe. Zu fünft ins kleine Auto gequetscht, fahren wir also heute los in Richtung Verlag. Papa, inzwischen auch schon 75, grauhaarig, schlank, fit und immer einen praktischen Spruch auf den Lippen wie »Sprechenden Menschen ist immer zu helfen«, fährt seine Damen entspannt über das Berliner Land.

Mama, 73, schlank, ganz lange silbergraue Haare mit Pony, einem großen Helfersyndrom und einer Vorliebe für Pralinen (keiner weiß, wo sie diese allerdings hinsteckt), sitzt neben ihm und versucht noch, mit einem traditionellen Faltstadtplan den Weg zu beschreiben. Ich sitze hinten zwischen beiden Omas.

Oma Maria, 107, rechts von mir: klein, kuschelige Figur, färbt seit 40 Jahren ihre Pagenfrisur blond und sitzt nie still. Sie fragt ständig, wann wir denn endlich da seien. Oma Mia, 100, links von mir sitzend, kurze silbergraue Haare, mit einer großen Neugierde für alles und jeden, hat ständig Hunger und leidet leider schon seit zwei Jahren an zunehmender Demenz. Sie versteht kein Wort von dem, was im Auto geredet wird.

Am Stadtrand von Berlin fragt Oma Mia plötzlich über meinen Kopf hinweg laut Oma Maria: »Maria, wie alt bist du denn jetzt?«

Oma Maria: »Ich glaube, 107, aber in dem Alter weiß man das ja nie so genau.«

Oma Mia: »Du muss doch wissen, wie alt de bis?«

Oma Maria: »Wie alt bist *du* denn?«

Oma Mia: »Dat musse Ute fragen, dat weiß ich doch nich!«

Das ist die Logik meiner Alzheimer-Oma Mia oder »Omma«, wie ich sie auch gerne nenne. Ruhrpottsch halt. Ich bin übrigens »das Anja-Spätzchen« und in den Augen meiner beiden Omas immer noch um die 25 Jahre alt. Ich habe noch einen älteren und einen jüngeren Bruder und lebe mit meinem Verlobten Nick zusammen. Da wir keine Kinder haben, habe ich auch so viel Zeit für die Omas.

Ich bin der Typ Mensch, der versucht, es jedem recht zu machen. Wo ich helfen kann, springe ich ein. Es ist allerdings nicht immer leicht, die Zeit zwischen meinem Partner, meinem Job als selbstständige Kommunikations-Designerin und meinen beiden Omas gerecht aufzuteilen. Besonders dann, wenn beide gleichzeitig auf mich einreden. Wie jetzt im Auto. Oma Mia vergisst dank ihrer Demenz leider immer wieder ihr Hörgerät, weshalb sie jetzt Oma Maria so schlecht versteht. Also helfe ich nach und wiederhole ständig Oma Marias Sätze. Papa sage ich parallel den Weg, was eigentlich ganz gut auch ohne Navi funktioniert. Bis zu dem Zeitpunkt, als er die richtige Ausfahrt verpasst, da wirklich *alle* durcheinandersprechen.

Anja: »Okay, so kommen wir auf keinen Fall pünktlich beim Verlag an.« Ich zücke mein Handy und mache das Navi an – laut, sehr laut, also maximale Lautstärke.

Oma Mia: »Wer spricht denn da? Lauter!«

Anja: »Omma, sei jetzt bitte leise! Das ist das Navi. Es sagt uns den Weg.«

Oma Maria: »Will die auch zum Verlag? Hihi!«

Oma Mia: »Mit wem telefonierst du?«

Anja: »Das ist das Handy!«

Oma Mia: »Dat weiß ich auch. Wer is dat denn am Telefon?«

Anja: »Omma, das ist ein automatisches *Ich-erkläre-dir-den-Weg-weil-ich-ein-Computer-beziehungsweise-ein-ich-weiß-alles-Gerät-bin.*«

Ute: »Mach doch mal lauter, bitte.«

Jochen: »Nein, steck dein Handy doch gleich hier vorne ein.«

Oma Maria: »Jetzt versteh ich sie nicht mehr. Macht nichts. – Spätzchen, kuck mal! Was ist das rechts für ein Gebäude?«

Oma Mia: »Wat sacht die jetz?«

Jochen: »War das jetzt die richtige Ausfahrt?«

Ute: »Gibst du mir bitte die Wasserflasche?«

Anja: »Ich glaube, du bist wieder zu weit gefahren, Papa!«

Oma Mia: »Ich hab auch Durst.«

Oma Maria: »Also, wenn ihr die Flasche schon offen habt: Ich würde auch ein Schlückchen nehmen.«

Anja: »Ruuuuuuuhe! So kommen wir nie an! Die nächsten 20 Minuten wird jetzt nix mehr gesprochen!«

Jochen: »Mäuslein, aber sprechenden Menschen ist ...«

Anja: »Papa! Nein! Sprechenden Menschen ist in diesem Fall nicht mehr zu helfen!« Erstaunlicherweise hört ab jetzt alles auf mein Kommando beziehungsweise auf das von Frau Navi.

Endlich trudelt die Seniorengruppe beim Verlagshaus ein. Uns erwartet ein herzlicher Empfang von den dortigen Mitarbeiterinnen bei sonnigstem Wetter. Nach der freundlichen Begrüßung werden wir alle zusammen in einen hellen Besprechungsraum geführt, in dem sich jeder von uns einen Sitzplatz am langen Konferenztisch sucht. Während Oma Maria der Lektorin und ihren Kolleginnen ihr erstaunliches Leben schildert, isst Oma Mia heimlich ein Plätzchen nach dem anderen. Praktischerweise steht der Keksteller ja auch genau in ihrer Nähe. Das bemerkt vorerst leider keiner, denn jeder lässt sich von Oma Marias Lebensfreude anstecken und ist ganz fasziniert von ihren Geschichten über ihr mittlerweile 107 Jahre andauerndes Leben.

Oma Maria: »Leider ist meine große Liebe Erwin im Krieg verstorben, und ich musste dann meine beiden kleinen Jungs allein großziehen.«

Lektorin: »Und wie haben Sie das geschafft?«

Oma Maria: »Ich habe glücklicherweise einen Holländer kennengelernt; bei ihm konnten wir auf seinem Schiff wohnen.«

Jochen: »Für uns Kinder war das damals das Schönste überhaupt. Wir sind jeden Tag mit dem Kutter den Rhein rauf und runter geschippert und haben an Deck gespielt, obwohl wir nicht schwimmen konnten!«

Oma Mia isst wieder einen Keks. Normalerweise werden ihre Essensrationen von Mama immer genau über den Tag eingeteilt; sie hat das fest im Blick. Zu viel darf sie nämlich nicht essen, denn sie vergisst ja immer wieder, dass sie schon gegessen hat, und das führt meistens zu keinem guten Ende.

Oma Maria: »Das war eine wunderschöne Zeit. Nur wollte der Holländer dann eines Tages nicht mehr auf seinem Schiff wohnen, sondern aufs niederländische Festland ziehen. Dann hätte ich meine beiden Kinder in Holland aufwachsen lassen müssen. Das wollte ich nicht. Außerdem musste ich mich zusätzlich um meine Mutter kümmern, weil mein Vater gestorben war. Also habe ich mich schweren Herzens von ihm getrennt und bin zu meiner Mutter nach Essen gezogen.«
Jochen: »Aber die Liebe zu Käse ist geblieben.«

Oma Mias Vorliebe für Kekse ist nun auch fast nicht mehr zu übersehen: Der Teller wird immer leerer.

Lektorin: »Möchte noch jemand eine Tasse Kaffee? Ach, und die Kekse müssen wir auch wieder auffüllen. Einen Moment.« Oma Mia lächelt nur glücklich.

Lektorin: »Und wie sind Sie dann nach Bayern gekommen?«

Oma Maria: »Mein Sohn Jochen hatte sich als Bau-leiter dahin versetzen lassen.«

Lektorin, an meinen Vater gewandt: »Ach, Sie sind Architekt?«

Jochen: »Ich bin Bauingenieur. *Sei schlau, lern auf dem Bau. Sei nicht dumm, kehr vorher um.* Was ich aber nicht gemacht habe. Der Job in Bayern war toll.«

Oma Maria: »Und nachdem *meine* Mutter dann kurz vor ihrem 100. Geburtstag gestorben war, hat mich Jochen zu sich nach Bayern geholt. Dort war da-mals aber noch nicht viel los. Da führten sie ja gerade erst den aufrechten Gang ein.«

Oma Mia hat es inzwischen geschafft, auch den zwei-ten Keksteller still und leise allein zu leeren. *Oh, oh …* denke ich, als ich das bemerke. Nach dem Kaffeetrin-ken erhalten wir noch eine kleine Führung durch das Verlagshaus, und kurz nach Mittag sitzen alle glück-lich zusammengequetscht wieder im Auto. Wir wollen gerade losfahren, als …

Jochen: »Was riecht denn hier so komisch?«

Ute: »Oh, das ist bestimmt Mammis Windel.« Alle schauen Oma Mia erstaunt an.

Oma Maria: »Mia, wird dir warm ums Herz?«

Jochen: »Da ist ihr wohl das Herz in die Hose ge-rutscht.«

Ute: »Mia hat die Hosen voll.«

Anja: »Oh, nein, Mama, wir haben keine Ersatz-Windel dabei.«

Und Oma Mia schaut ganz unschuldig, als wisse sie von nichts. Was ja leider auch meistens stimmt.

Also steigen wir alle wieder aus, gehen schnell zurück ins Verlagshaus und fragen nach den Toiletten. Außerdem erkundige ich mich am Empfang nach der nächsten Drogerie, um Windeln zu kaufen. Erst 45 Minuten später werde ich fündig und eile wieder zurück. An Oma Mias Situation hat sich nichts geändert. Sie sitzt immer noch am selben Örtchen und ist »flott unterwegs«. Oma Maria sitzt mit Papa draußen im Verlagsgarten, und sie essen ... was? Natürlich die restlichen Kekse.

Anja: »Na, ihr liebt die Gefahr, oder? Guten Appetit!«

Oma Maria: »Du hast doch genügend Windeln eingekauft, oder, Spätzchen?«

Anja: »Klar, eine Familienpackung.«

Oma Maria: »Dann greif ruhig herzlich zu.«

Eine Stunde später können wir dann endlich aufbrechen. Leider ist das letzte Ausflugsboot, das wir als krönenden Abschluss für die Spreerundfahrt gebucht haben, inzwischen abgefahren. Ist nicht so schlimm, denn wir haben uns schon eine Weile daran gewöhnt, mit den Omas irgend etwas zu verpassen. Denn es passiert *immer* irgendetwas Unvorhergesehenes. Und deshalb lautet unser Motto seither: »Flexibel bleiben!«

Der Verlag teilt uns wenige Tage später mit, dass sie das Buch unbedingt mit Oma Maria und mir veröffentlichen wollen. Da sie uns jetzt persönlich kennengelernt haben, »können wir gar nicht mehr anders …«.

Anja: »Wahnsinn, Oma! Du und ich, wir werden jetzt Schriftstellerinnen!«

Oma Maria: »Spätzchen, hast *du* denn überhaupt genug Zeit neben deiner Arbeit, all unsere Geschichten aufzuschreiben?«

Anja: »Natürlich, ich schreibe doch alle unsere Erlebnisse eh schon immer mit, damit wir uns daran erinnern können, wenn du mal nicht mehr da bist!«

Termine, Termine, Termine

Kaum sind wir zurück aus Berlin, fragt Oma Maria, wohin die nächste Reise gehen wird. So war sie schon immer. Der Urlaub war noch nicht richtig zu Ende, und schon müssen gleich wieder neue Reiseideen her. Durch die gemeinsame Facebook-Seite wartet allerdings richtig Arbeit auf uns. Die Medien stürzen sich mittlerweile regelrecht auf Oma Maria, und die Followerzahl wächst von Tag zu Tag zusehends. Es gilt, die verschiedensten Termine für Zeitungsinterviews, Telefonate, Talkshowauftritte und Omas Mittagsschlaf unter einen Hut zu bringen. Und auch zu klären, welchen Termin wir als Nächstes wahrnehmen wollen. Zur Auswahl steht unter anderem ein Auftritt im SAT.1-Frühstücksfernsehen, der aufgrund der Tatsache, dass Oma Maria schon um 4 Uhr in der Früh im Studio sein müsste, leider nicht realisierbar ist. Die NDR Talk Show *Tietjen und Bommes* würde Oma Maria und mich gerne im nächsten Sommer nach Hannover einladen. Und was auch sehr lustig ist: Ein Schlagersänger will mit Oma Maria auf Mallorca am Ballermann auftreten.

Oma Maria: »Also, Spätzchen, da sitze ich dann doch lieber am Strand als auf der Bühne. Das ist nix für mich!«

Für mich auch nicht. Da passen wir dann doch nicht rein. Das Unvorstellbarste aber ist die Einladung zu Günther Jauchs Jahresrückblick, schon dieses Jahr im Dezember.

Oma Maria: »Also auf den Herrn Jauch freue ich mich besonders. Ich bin schon so lange ein Fan von ihm. Das wird sicherlich lustig, Spätzchen. Freust du dich auch?«

Anja: »Die wollen sicherlich deinen Sohn neben dir sehen, Oma. Also Papa, such dir schon mal was Schickes zum Anziehen aus.«

Jochen: »Tut mir leid, ich bin nicht fürs Fernsehen gemacht. Und *eine* alte Person reicht denen sicherlich. Da lasse ich dir gerne den Vortritt.«

Anja: »Ich? Nee, ich bring da kein Wort raus, wenn ich dort sitze. Oma, du weißt doch: ich und Publikum … So viel *Averna* kann ich gar nicht trinken, um mich zu beruhigen.«

Oma Maria: »Du musst ja auch nichts sagen. Nur nett aussehen.«

Anja: »Das beruhigt mich leider auch nicht. Also,

Papa, ich zitiere gerne deinen eigenen Spruch: Alter vor Schönheit.«

Jochen: »Wir werfen eine Münze.«

Letztendlich wird beschlossen, dass ich mit Oma Maria zu Herrn Jauch fahre. »Geballte Frauenpower«, wie Oma meint, »kommt immer gut an.« Und *Tietjen und Bommes* in Hannover sagen wir auch zu. Alles andere wird zu viel. Wäre Oma erst 99 Jahre alt, hätten wir sicherlich noch mehr Einladungen annehmen können. Aber jetzt entscheiden wir uns für das berühmte Mittelmaß. Nicht zu viel und nicht zu wenig.

Der Erscheinungstermin unseres Buches ist für Anfang Dezember geplant – also kurz vor Oma Marias 108. Geburtstag. Zeitgleich mit dem TV-Auftritt bei Herrn Jauch. Auf beides fiebert Oma täglich hin. Viel Zeit zum Fertigschreiben des Buches bleibt auch nicht, denn der Verlag zieht den Erscheinungstermin extra vor, denn man weiß ja nicht, wie lange Oma noch lebt. Normalerweise dauert es über ein Jahr, bis ein Buch erscheint. Aber wir waren schon immer von der schnellen Truppe. Und nach der Veröffentlichung kommen dann noch Buchvorlesungen hinzu. Auf die freuen wir uns am meisten.

Anja: »Oma, wie alt willst du eigentlich mal werden? 109?«

Oma Maria: »Ach, Spätzchen, 109 ist doch kein Alter! 111 Jahre – das fände ich toll!«

Anja: »Ich sehe keinen Grund, warum du das nicht schaffen solltest!«

Oma Maria: »Ich auch nicht. Aber Alter ist kein Verdienst; das wird man von allein.«

Ein Hoch auf das nächste Tief

Inzwischen ist es Ende September. Oma Maria, Papa, Nick und ich, wir gehen alle zusammen aufs Rosenheimer Herbstfest. Das ist zwar nicht die nächste große Reise, von der Oma die ganze Zeit träumt, aber trotzdem ganz aufregend. Sie kann zwar noch selber laufen, aber bis zur Festwiese und in dem Getümmel ist sie besser im Rollstuhl aufgehoben. Außerdem ist er sehr praktisch, denn man hat immer freie Bahn, und die Menschen reagieren meist sehr zuvorkommend.

Oma Maria: »Wie schön bunt hier alles ist. Jahrmärkte mochte ich schon als Kind sehr gerne.«

Anja: »Ob das Wetter halten wird? Es sieht nach einem Tief aus.«

Oma Maria: »Meinst du mich? Ich sitze in dem Rollstuhl auch ziemlich tief unten.«

Anja: »Ach, kommt, wir fahren gleich ins Zelt, bevor nachher alle vor dem Regen genau dorthin fliehen wollen. Ist eh viel gemütlicher.«

Oma Maria: »Oh ja, gute Idee. Und ich hätte gerne so ein kleines, leckeres Bierchen.«

Nick: »Hier gibt's aber nur a Halbe oder a Mass.«

Oma Maria: »Dann bitte eine halbe Maaß!«

Anja: »Oma, jetzt lebst du schon so lange in Bayern! Es heißt Mass!«

Oma Maria: »Egal, Hauptsache, sie schmeckt!«

Nach genussvollen zwei Stunden, einem halben Hendl mit Pommes, Steckerlfisch und lecker Frikadellen …

Nick: »Das heißt Fleischpflanzerl!«

Jochen und Anja gleichzeitig: »Frikadellen!«

Oma Maria: »Tut mir leid, Nick, da bist du überstimmt.«

Nick: »Kann gar nicht sein! Wir sind hier in Bayern!«

… wollen wir wieder nach Hause fahren, doch das Wetter bleibt leider unbeständig.

Anja: »Hm, es regnet schon wieder.«

Oma Maria: »Die Erde schenkt sich eben auch gerne einen ein.«

Anja: »Also trinken wir noch eine Halbe?«

Oma Maria: »Klar. Ein Hoch auf das Wetter!«

Jochen: »Ein Hoch auf das Tief!«

Aktueller Verkehrsfunk:
»Stau am Irschenberg …«

Ich drehe das Radio wieder leiser. Was brauche ich noch mal? Kidneybohnen, Mais, Tomaten, Zwiebeln,

Knoblauch (nach Sahne die zweitwichtigste Zutat bei uns in der Familie) – alles da für Chili con carne. Papas Lieblingsgericht. Frisches Fleisch hole ich gleich nach der Mittagspause mit Oma Maria zusammen beim Metzger. Das Telefon klingelt, ich schaue auf mein Display – Papa ruft an.

Anja: »Hallo, Papa, na, wo seid ihr? Schon am Irschenberg? Da ist schon wieder Stau. Vielleicht nehmt ihr die Landstraße ... Papa? ... Hallo?«

Ich höre erst einmal nichts, nur Rauschen und Knistern. Irgendwas stimmt doch da nicht. »Nein, das ist meine Mutter«, höre ich Papa sagen, aber nicht zu mir. »Ja, Moment, ich muss sie von ihrem Gurt befreien.«

Anja: »Oje, Papa! Was ist los?«

Jochen: »Hallo, Anja, wir leben noch alle, aber wir hatten einen Auffahrunfall auf der Autobahn.«

Anja: »Was?«

Jochen: »Es war mal wieder Stau am Irschenberg. Stop-and-go. Wir standen glücklicherweise schon mit unserem kleinen Auto, aber der hinter uns hat geschlafen. Er ist mit seiner großen Limousine mit voller Wucht auf uns draufgeknallt. Mutter hat einen Schock erlitten, aber soweit ich erkennen kann, ist alles in Ordnung. Nur das Auto kann nicht mehr fahren.«

Anja: »Okay, wo seid ihr? Ich komme sofort!«

Jochen: »Auf der linken Spur der Autobahn knapp hinterm Irschenberg.«

Ab ins Auto auf die Autobahn. Ich stelle das Radio ein und höre »Unfall am Irschenberg. Sie müssen mit Verzögerungen von 16 Minuten rechnen«. Das zu hören fühlt sich eigenartig an, wenn man weiß, wer in dem Unfall verwickelt ist. 30 Minuten später fahre ich an eben dieser Stelle auf der Gegenfahrbahn vorbei. Papa kann ich gerade noch erkennen, von Oma keine Spur. Während ich an den Stau ranfahre und mich irgendwie durchschlängele, ruft Papa wieder an: »Wir sitzen jetzt im Krankenwagen. Oma hat schlecht Luft bekommen, sicher ist sicher. Der ADAC müsste auch gleich da sein. Kannst du dem bitte sagen, wohin das Auto gefahren werden soll?«

Da kommt auch schon der ADAC-Wagen an mir vorbeigesaust, und ich klemme mich direkt dahinter. Wir fahren quasi gemeinsam zu unserem treuen Gefährten. Oma Maria hat ihn mit 100 Jahren gebraucht für Papa gekauft. Wie oft ist er mit uns zum Gardasee, nach Österreich, nach Südtirol, quer durch Deutschland und sonst wohin gefahren? Und jetzt? Inmitten von Scherben, Polizeiautos und der Absperrung ist nicht mehr viel von ihm zu erkennen. Der Unfallverursacher sieht auch nicht gerade fit aus. Mein Beileid. Sein Auto muss auch abgeschleppt werden.

Als ich ihm so nachschaue und nachtrauere, erinnere ich mich daran, wie ich für Oma immer extrem langsam fahren musste. Denn alles, was schneller fährt, als sie laufen kann, ist ihr nicht ganz geheuer. Besonders wenn die Strecke kurvenreich ist. Papa hat mich dann immer aufgezogen: »Mäuslein, fahr nicht so schnell. Die anderen wollen schon aussteigen, weil sie denken, sie stehen.«

20 Minuten später treffe ich in dem sehr übersichtlichen Krankenhaus bei Miesbach in der Notaufnahme ein. Papa wartet dort schon auf mich, von Oma immer noch keine Spur.

Anja: »Hallo, Papa! Mit euch kommt man ja gut rum. Wo ist Oma?«

Jochen: »Ich wurde schon wieder als Erstes gefragt, ob ich ihr *Mann* bin!«

Anja: »Mach dir nichts draus: Der Trend geht ja hin zu jüngeren Liebhabern.«

Jochen: »Mutter hatte auf einmal starke Schmerzen, wahrscheinlich vom Gurt beim Aufprall. Sie hat einen richtigen Schock: Sie hat geweint und weiß nicht so recht, was los ist. Aber sie lebt noch. Kurze Zeit hab ich wirklich geglaubt: So, jetzt stirbt sie hier mitten auf der Autobahn.«

Anja: »Oh, Mann. Und du?«

Jochen: »Bei mir ist so weit alles okay. Aber der Aufprall war heftig. Der hintere Wagen hat uns durch die Wucht noch auf den Mini vor uns geschoben, sodass wir am Ende in der Leitplanke standen. Also, ich weiß nicht, warum das jetzt noch passieren musste!«

Anja: »Das ist immer die große Frage der Fragen.«

Jochen: »Dann ging es eilig mit Blaulicht hierher. Oma ist auf der Trage trotz Gurten durchgeschüttelt worden. In jeder Kurve hat sie aufgejault.«

Anja: »Und wann können wir zu ihr?«

Im selben Augenblick steckt ein freundlich aussehender Arzt den Kopf aus der Tür der Notaufnahme und lässt uns zu Oma hinein. Ich habe noch Omas Stock in der Hand und frage mich, warum ich den überhaupt mit ins Krankenhaus gebracht habe. »Ist nicht meiner«, sage ich zum Arzt.

Oma liegt auf der Behandlungsliege, hängt am Tropf und hat eine riesige Halskrause um. Oje, die Arme. Man kann ihren kleinen Kopf gar nicht richtig sehen.

Anja: »Hallo, Oma, wie geht's dir? Hast du Schmerzen?«

Oma Maria: »Ach, mein Spätzchen, schön, dass du da bist. So weit geht es gut, nur diese Halskrause ist ganz schlimm. Die scheuert und schmerzt an der Schulter. Und hier vorne tut's mir auch weh.« Oma deutet auf ihr Brustbein.

So langsam sind wir ja routiniert, was die Krankenhausaufenthalte angeht. Der letzte war noch in Berlin, und schuld war eine Überdosis Pflaumenkuchen mit Sahne und Erdbeereis.

Oma ist jetzt ganz aufgekratzt, quasselt in einer Tour und versucht ständig, die Halskrause runterzureißen. Und alle halbe Stunde meldet sich ihre Blase.

Jochen: »Mutter, du hast doch kaum was getrunken.«

Oma Maria: »Ich glaube, das ist Aufregungspieseln.«

Anja: »Dann holen wir dir mal eine Bettpfanne.« Es ist erstaunlich, wie beweglich Oma noch ist.

Anja: »Magst du dich nicht mal ausruhen und ein Stündchen schlafen?«

Oma Maria: »Nein. Dann bekomm ich doch nicht mit, was los ist.«

Zwei Stunden später kommt der Arzt mit dem Befund: Oma hat ein Schleudertrauma, zwei gebrochene Rippen, sich am Halswirbel verletzt, eine Prellung am Brustbein und eine große Delle am rechten Bein. Sie kann es auch nicht richtig ausstrecken. Der Arzt erklärt uns anhand von Omas Röntgenbild alles ausführlich. Er meint sogar, das sei die »älteste« Aufnahme, die er je gesehen hätte. Und dass man auch nicht alle Tage eine 107-jährige Patientin in der Klinik hätte. Sehr spannend sei auch, dass sich Omas Verletzungen, die sie sich im Laufe ihres Lebens zugezogen hat, noch nachvollziehen lassen: ihre Knochenbrüche aus der Kindheit, eine leichte Osteoporose, den TAVI mit 102 Jahren und ihren Oberschenkelhalsbruch mit 103 Jahren. Ihr Körper auf dem Röntgenbild ist wie ein offenes Buch. Nach Hause darf sie nicht, denn man will nicht riskieren, dass weitere Erschütterungen möglicherweise zu einer Querschnittslähmung führen.

Na, wunderbar.

Arzt: »Ich würde sie jetzt mal für die Station vorbereiten. Haben Sie die Medikamentenliste dabei?«

Jochen: »Es gibt keine. Mutter braucht nichts.«

Arzt: »Gratulation! Und wie ist es mit Allergien? Unverträglichkeiten? Hoher Blutdruck?«

Jochen: »Alles nein. Vor vier Wochen waren wir noch wegen Schmerzen unterhalb der Brust im Krankenhaus. Die Nachkontrolle hat aber ergeben, dass sie zu viel Luft zwischen Dick- und Dünndarm hatte.«

Arzt: »Sehr gut. Sonst noch irgendwas, was ich beachten müsste?«

Jochen: »Nein. Aber wenn Sie wollen, können wir Ihnen ein Rezept für ein langes Leben schreiben.«

Arzt: »Danke. Erstaunlich, aber ich merke schon: Ihre Mutter will einfach leben. Sie bekommt jetzt noch eine andere Halskrause, und morgen nach der großen Besprechung wissen wir dann mehr.«

Oma Maria: »Oh, muss ich die Nacht hierbleiben?«

Anja: »Ja, leider. Aber wir bleiben noch, solange es geht.«

Oma: »Lässt du mir den Stock bitte hier, Spätzchen?«

Anja: »Du kannst doch gar nicht aufstehen. Was willst du damit?«

Oma Maria: »Mir steht er einfach besser als dir.«

High Five

Unser Rezept für ein langes, gesundes und glückliches Leben ist übrigens an einer Hand abzuzählen, das sogenannte *High Five*:

Der dicke Daumen steht für *frisches Essen*. Das bedeutet: keine verarbeiteten Lebensmittel wie Wurst, Schmelzkäse oder Fast Food. Am besten einfach selber kochen.

Der erhobene Zeigfinger steht für *jeden Tag Bewe-*

gung an der frischen Luft. Perfekt wäre es natürlich, wenn die Sonne dabei scheint, denn Vitamin D stärkt ja bekanntlich den Knochenbau, senkt den Bluthochdruck und unterstützt das Immunsystem.

Der freundliche Mittelfinger steht für *gute Gesellschaft.* Also, erheiternde Beziehungen in jegliche Richtung. Inzwischen rate ich immer jedem, sich eine*n Partner*in, Freund*in oder eine andere Bezugsperson zu suchen, der oder die die positiven Seiten in einem hervorbringt und fördert.

Der hübsche Ringfinger steht für *neugierig bleiben.* Dabei immer mit dem Herzen bei der Sache sein und sich selbst nicht zu ernst nehmen.

Und der sympathische kleine Finger ist für *die Musik* reserviert. Egal welche, Hauptsache, sie berührt das Herz. Oder man singt einfach selbst jeden Tag ein Liedchen.

Damit ist das High Five vollständig.

In guten Händen

Die Krankenschwestern bringen Oma auf ihre Station. Natürlich nicht ohne wortreiche Bewunderung für ihr hohes Alter. Am Arm läuft ihre Infusion; ihr wird ab und zu schwindelig. Den Umständen entsprechend ist sie aber wirklich sehr tapfer.

Während Papa auf die Pirsch geht, um für uns noch irgendwo etwas zum Essen aufzutreiben, mache ich Oma bettfertig. Hole wieder die Bettpfanne, was ihr zutiefst zuwider ist. Aber sie darf sich vorerst einfach nicht so viel bewegen.

Oma Maria: »Also, da haben es die Männer einfacher: Die können sich einfach hängen lassen.«

Anja: »Haha. Oma, ich sehe, du bist auf dem Weg der Besserung.« Sie lächelt.

Oma Maria: »Was macht denn Nick?«

Anja: »Der holt mich gleich ab, sagt dir auch Hallo, und Papa bekommt dann mein Auto.«

Oma Maria: »Kann der nicht hier übernachten?«

Anja: »Nick?«

Oma Maria: »Der auch! Nein, ich meine Jochen!«

Anja: »Leider ist dein Nachbarbett schon belegt. Da liegt eine junge Dame von 90 Jahren. Und ganz sicher ist es der Dame nicht recht, wenn sich Papa danebenlegen würde.«

Keine fünf Minuten später kommen der Ehemann der Bettnachbarin und Papa zurück ins Zimmer. In dem Augenblick sagt der Ehemann zu Jochen: »Zusammen sind wir 176 Jahre alt.«

Jochen: »Und wir sind 183 Jahre zusammen.«

Aha, denke ich mir, der Ehemann ist also auch jünger als seine Frau. Ich sag doch, der Trend zu jüngeren Männern setzt sich mehr und mehr durch. Und wie aufs Stichwort kommt nun auch meine bessere und tatsächlich jüngere Hälfte ins Zimmer. Oma freut sich sehr, als sie Nick sieht.

»So schön, dass ihr alle hier bei mir seid. Jetzt muss

ich auch gar nicht mehr nach Hause! Was soll ich denn dort?«

Schweren Herzens verlassen wir am späten Abend die Klinik, aber mit einem guten Gefühl, dass Oma in besten Händen ist.

Am nächsten Morgen im Krankenhaus ist Oma immer noch leicht schwindelig zumute, und sie weiß nicht genau, wo sie sich befindet. Dann dämmert es ihr langsam wieder.

Oma: »Anja-Spätzchen, was genau ist passiert?«

Anja: »Ihr hattet einen Autounfall. Du hast ein Schleudertrauma, zwei gebrochene Rippen, und deine Halswirbelsäule ist geprellt. Und dein Bein ist irgendwie verbogen.«

Oma Maria: »Das ist aber ganz schön viel auf einmal.«

Anja: »Und wir müssen abwarten, ob du jemals wieder laufen kannst.«

Oma Maria: »Oje! Wo ist denn mein Stock?«

Anja: »Nicht so schnell!«

Oma Maria: »Ich will ihn nur schon mal seelisch drauf vorbereiten, dass er jetzt öfter zum Einsatz kommen wird.«

Ein Gesundheits- und Krankenpfleger kommt ins Zimmer, um sich um Omas Morgenwäsche zu kümmern, und ich verlasse diskret den Raum. Als ich wieder zurückkomme, meint er: »Irgendwoher kenn ich Sie doch!?«

Anja: »Vielleicht kennen Sie Rosenheims älteste Bürgerin aus der Zeitung?«

Pfleger: »Nein, Sie beide sind doch auf Facebook, oder?«

Anja: »Ertappt!«

Wie geht man jetzt mit so einer Situation in der Öffentlichkeit um? Oma liebt unsere Facebook-Seite, da die Resonanz so herzlich ist und Oma sich gebraucht fühlt. Sie schaut sich alle Kommentare immer sehr genau an und freut sich über die moderne Technik, die das ermöglicht. Aber das Beste an der ganzen Sache ist: Sie verbringt ganz viel Zeit mit mir.

Jetzt stellt sich die Frage, wenn uns schon der Pfleger erkannt hat, ob wir die Ereignisse auf Facebook posten sollen? Nicht dass sich das hier auf andere Weise verbreitet. Wir warten noch ein paar Tage, und dann schicken wir tatsächlich ein paar Grüße in die Welt hinaus. Früher oder später werden sowieso viele wissen wollen, wie es Oma geht. Und die Reaktionen auf unseren Post und die Genesungswünsche bringen Omas Augen wieder zum Leuchten und kurbeln ihre Heilkräfte noch mehr an. Schon nach einer Woche darf sie wieder nach Hause, aber laufen kann sie leider noch nicht.

Oma Maria: »Müssen wir für meinen Stock jetzt einen neuen Arbeitgeber finden?«

Anja: »Ich formuliere es mal lieber so: Der hat jetzt erst einmal Urlaub.«

Oma Maria: »Ach, dann weiß ich, wie das ausgeht. Das kenn ich schon von mir. Dann will er nachher gar nicht mehr zurück.«

Kein Ende in Sicht

Leider müssen wir zu Hause feststellen, dass Oma doch stärker angeschlagen ist, als wir ursprünglich angenommen haben. Sie ist nach wie vor bettlägerig, aber sehr tapfer. Da wir sowieso nichts anderes machen können, beenden wir gemeinsam unser Buch.

Oma Maria: »Darf ich's mal lesen?«

Anja: »Du weißt doch sowieso, was drinsteht.«

Oma Maria: »Mich würde interessieren, wie es ausgeht.«

Anja: »Haha! Das weiß ich doch auch nicht. Das bestimmst du. Noch beende ich jedes Kapitel mit: ›Fortsetzung folgt …‹.«

Oma Maria: »*Ich*? Ach so, je nachdem, wie ich entschwinde?«

Anja: »Genau.«

Oma Maria: »Ich hätte gern ein Happy End.«

Anja: »Du meinst, du schläfst glücklich ein?«

Oma Maria: »Das wäre schön. Und wann, glaubst du, ist es so weit?«

Anja: »Ich bin keine Hellseherin. Du sagst doch immer, du hast alle Zeit der Welt!«

Oma Maria: »Also ich würde schon gerne noch einmal nach Südtirol fahren!«

Anja: »Siehst du – kein Ende in Sicht.«

»Ihre Bestellung, bitte!«

Wir freuen uns, dass sie wieder ein Ziel hat, denn der Winter naht. Früher sind wir zu dieser Zeit ins Warme gefahren.

Leider müssen wir viele immer noch neu eintrudelnde Interviewtermine absagen und hoffen, dass sie bis Dezember zum großen Auftritt bei Herrn Jauch wieder fit ist. Oma ist da frohen Mutes, und solange wir alle um sie herum sind, ist sie glücklich. Nur das mit dem Laufen will einfach nicht klappen. Dadurch ist sie leider rund um die Uhr auf unsere Hilfe angewiesen, was sie aber im Grunde gar nicht mag. »Selbst ist die Frau« war stets ihr Motto.

Oma Maria: »Ach, ich war noch nie so krank! Woher kommt das nur?«

Anja: »Sieh's mal so: Du bist ja nicht im eigentlichen Sinne krank. Du hast innere Verletzungen durch einen Autounfall, und die müssen heilen.«

Oma Maria: »Aber ich musste noch nie in meinem Leben so lange liegen bleiben! Wie kommt das?«

Anja: »Dein Körper ist schon etwas älter. Der braucht halt jetzt ein bisschen länger als früher.«

Oma Maria: »Aber mein Geist ist jung!«

Anja: »Genau! Und deswegen wird das schon wieder.«

Oma lächelt. Ich gehe wieder aus dem Zimmer in die Küche. Sie ruft mir hinterher: »Ich hätte gerne was zu trinken.«

Anja: »Warte, ich komm gleich.«
Oma: »Karte genügt!«

Bestimmt das Leben über dich, oder bestimmst du über dein Leben?

Jetzt liegt Oma schon über zwei Wochen zu Hause und wird immer schwächer. Oma Mia war einmal zu Besuch, aber ihr ging es selbst nicht sonderlich gut; beide haben eigentlich nur geschlafen: Oma Mia auf der Couch und Oma Maria natürlich in ihrem Bett. Dadurch, dass sie nicht aufstehen kann, weil ihr Bein den Dienst verweigert, schwinden auch ihre Muskeln immer mehr. Ihre Laune wird nicht besser, und ihre nächtlichen Schreie werden nicht weniger. Ganz im Gegenteil. Papa und ich sind Tag und Nacht für sie da. Ich kuschele mich oft zu ihr ins Bett, und dann reden wir lange. »Das ist schön, Spätzchen. Dann tun die Schmerzen auch nur halb so weh, wenn ich dich bei mir habe.«

Das Problem: Die Medikamente, die sie nehmen muss, benebeln ihre Sinne. Kaum lässt die Wirkung nach, kommen die Schmerzen wieder, und alles beginnt von vorne. Eigentlich wollten wir die Medikamente langsam absetzen, aber durch das lange Liegen verheilt die Rippenprellung nicht. Und dann tritt ein, was wir schon lange befürchtet haben. Eines Abends sagt Oma zu mir: »Das wird nichts mehr, Spätzchen. Das ist doch kein Leben so. Nur liegen, immer diese

Schmerzen. Ich glaube, es ist jetzt gut. Ich möchte gehen.« Ich bin damit dann doch etwas überfordert.

Anja: »Okay. Wenn das so einfach geht?«

Oma Maria: »Einfach ist das nicht. Deswegen möchte ich gerne alle meine Liebsten noch einmal sehen und mich von ihnen verabschieden.«

Das zu hören ist schmerzhaft. Aber wenn es Omas Wunsch ist, dann respektieren wir ihn. Der Tod gehört zum Leben dazu. Wir haben schon früher oft darüber geredet, was wäre, wenn, und Oma meinte: »Lass es erst einmal geschehen. Dann können wir uns immer noch Gedanken drüber machen, wie wir mit der Situation umgehen.«

Und so haben sich an einem Samstagabend Mama, Oma Maria und die engsten Freunde im kleinen Kreis im Wohnzimmer versammelt.

Oma Maria: »Spätzchen, was ist denn da draußen los?«

Anja: »Na, es sind alle da, um mit dir zu sprechen.«

Oma Maria: »Dann würde ich jetzt gerne aufstehen. Reichst du mir bitte den schönen geblümten Bademantel? Und wie sehen eigentlich meine Haare aus?«

Anja: »Aber Oma, du bist seit über zwei Wochen nicht aufgestanden.«

Oma Maria: »Seine Gäste lässt man nicht warten. Und die können ja auch nicht alle hier ins Schlafzimmer kommen.«

Papa ist kurz vorher reingekommen und traut seinen Ohren nicht. Wir schauen uns erstaunt an.

»Na gut, Mutter, dann versuchen wir es mal ganz langsam.«

Aber »langsam« kann Oma einfach nicht. Sie beißt die Zähne zusammen und eiert mit ihrem Gehwagen tapfer die zehn Meter ins Wohnzimmer. Sie freut sich über die liebe Gesellschaft, die Aufmerksamkeiten, die Unterhaltungen und hält erstaunlich lange in ihrem Sessel aus. Sie möchte sogar ein kleines Eis essen.

»Es ist so schön mit euch. Und ich möchte jetzt nicht die Erste sein, die von der Party geht.«

Wow. Das klingt aber nicht nach Sterben. Omas Lebenswille ist wirklich unglaublich. Aber Papa und mir ist klar, dass wir das auf Dauer nicht mehr allein meistern können.

Es wird heimelig

Es passiert leider das, was Oma am wenigsten wollte und wahrscheinlich niemandem gefallen würde. Nach sechswöchiger 24-Stunden-Pflege durch Papa und mich und einer täglichen Unterstützung bei der Morgenwäsche durch eine Pflegerin klagt Papa plötzlich über Schmerzen im rechten Arm. Er hat inzwischen sechs Kilo abgenommen und sieht gar nicht gut aus. Ich selbst habe auch nicht mehr arbeiten können. Oma braucht sehr viel Zuwendung und muss ständig gedreht werden, damit sie sich nicht wund liegt. Alle 15 Minuten ruft sie nach uns, will entweder was zu trinken, sich unterhalten oder klagt weiter über

Schmerzen. Das sind harte Wochen. Oma will wirklich noch nicht sterben, aber das Am-Leben-bleiben fordert viel von ihr. Durch die Schmerztabletten werden ihr Gedächtnis und ihr Verstand leider weiter stark beeinträchtigt, was nachts zu Wahnvorstellungen führt. Dabei bildet sie sich ein zu ertrinken. Das Ende vom Lied ist, dass wir mit ihr allein überfordert sind. Leider lehnt Oma auch jede Person strikt ab, die ihr an die »Wäsche« will. Ihre Meinung ist, dass in ihrem Alter es doch nicht mehr nötig sei, Fremde damit zu belästigen. Jochen und ich können das doch ganz gut.

Ein Trugschluss. Da ich nicht möchte, dass mir Papa auch noch umfällt und vielleicht einen Herzinfarkt bekommt, rufen wir in verschiedenen Pflegeheimen an. Wir haben Glück, denn eines hat einen Platz frei. Wie schwer dieser Schritt für uns alle ist, kann ich kaum in Worte fassen, aber so gut, wie sie es dort hat, so gut können wir Oma gar nicht pflegen. Etwas bockig nimmt sie diese Nachricht entgegen, aber sie sieht auch ein, dass wir am Ende unserer Kräfte sind. Also lässt sie sich von mir, Papa, meinem jüngeren Bruder Felix und Nick ziemlich bedrückt und doch auch ein wenig neugierig ins Heim fahren.

Oma Maria: »Aber wenn es mir besser geht, komme ich sofort wieder heim!«

Anja: »Na klar.«

Oma Maria: »Ich möchte ja anderen, die den Platz viel nötiger haben, nicht im Weg stehen.«

Jochen: »Da mach dir mal keine Sorgen, Mutter.

Wenn du wieder von alleine stehen kannst, darfst du überall stehen – auch im Weg.«

Erstaunlicherweise lebt sich Oma im Seniorenheim ganz gut ein. Sie wohnt mit zwei sehr reizenden jüngeren Damen in einem Zimmer: Anneliese und Inge, von denen sie sofort sehr herzlich begrüßt wird. Eine schläft sehr viel, und die andere hat starke Demenz, aber redet sehr gerne, was Oma guttut. Die erste Woche sind Papa und ich trotzdem fast ständig bei ihr.

Anja: »Oma, geht's dir gut?«
Oma: »Klar, ich hab doch dich an meiner Seite.«
Anja: »Ach, Oma, bist du süß. Danke. Aber ich bin doch nicht immer da.«
Oma: »So kann ich mich jeden Tag wieder neu auf dich freuen.«
Anja: »Und wie sind deine Mitbewohnerinnen?«
Oma Maria: »Anneliese ist etwas dement. Ihr muss ich immer wieder sagen, dass sie nicht *meine* Socken anziehen soll. Dafür habe ich aber auch mal ihren Schal erwischt. Und Inge schläft sehr viel. Sie ist sehr friedlich. Ich störe sie dabei auch nicht weiter. Ich glaube, das braucht sie.«
Anja: »Finde ich gut, dass du so auf sie Rücksicht nimmst. Du weißt ja, Oma, es kann der Frömmste nicht in Frieden leben, wenn's dem bösen Nachbarn nicht gefällt.«
Oma Maria: »Du klingst schon wie Jochen.«
Anja: »Den Spruch hab ich auch von ihm.«
Oma Maria: »Und er hat ihn von mir.«

Anja: »Haha. Dann klinge ich also wie du! Ich würde sagen, die Generationenkette funktioniert.«

Auch die Pflegerinnen schließen sie gleich ins Herz und geben uns ein beruhigendes Gefühl, dass Oma Maria hier bestens versorgt wird. Wir können alle wieder etwas durchatmen, und so langsam geht es auch gesundheitlich mit Oma wieder bergauf.

Zeitmanagement

An einem warmen Novembertag fahren wir das erste Mal mit dem Rollstuhl nach draußen. Dass Oma nicht mehr selbst laufen kann, damit haben wir uns nun alle abgefunden. In ihren Augen hat das aber auch einen großen Vorteil: Sie braucht, egal wo wir hinfahren, ihre Lieblingspantoffeln nicht mehr auszuziehen.

Oma Maria: »Ach, so ein bisschen Bewegung tut gut!«
    Anja: »Meinst du damit mich oder dich?«
    Oma Maria: »Na mich, hihi!«
    Anja: »Haha! Und sag mal, willst du noch zur Toilette, bevor wir rausfahren?«
    Oma Maria: »Das hat Zeit. Ich brauche ja jetzt nicht mehr selber laufen!«
    Anja: »Wie meinst du das?«
    Oma Maria: »Na, mit dem Wägelchen bin ich doch viel schneller auf der Toilette als zu Fuß. So kann ich mir an der schönen frischen Luft mehr Zeit lassen!«

Das Buch wird Wirklichkeit

Es ist der 3. Dezember. Das wäre jetzt der Zeitpunkt gewesen, in dem wir ins Studio zum »Jahresrückblick« nach Köln zu Herrn Jauch gefahren wären. Da überlegen Papa und ich hin und her, wer mit Oma ins Studio gehen soll, und am Ende kann sie selbst nicht »gehen«. Manchmal kommt es anders, als man denkt. Oder besser gesagt: Es kommt eben alles, wie es kommen soll.

Oma Maria: »Meinst du, der Herr Jauch ist mir jetzt böse?«

Anja: »Nein, Oma, ich glaube, jeder versteht, dass du so lange Fahrten und diese Strapazen nicht mehr auf dich nehmen kannst. Wir schicken ihm einfach ein Buch.«

Oma Maria: »Oh, wann ist es denn so weit? Wann bekommen wir denn unser erstes Exemplar?«

Anja: »Morgen Vormittag. Mit den ersten frischen Brötchen bringe ich dir die erste frische Druckausgabe!«

Und tatsächlich: Endlich können wir unser Buch in den Händen halten. Ich habe Gänsehaut, bin überglücklich, dass Oma das jetzt noch erleben kann, und überreiche ihr ihr erstes Exemplar: »Oma, ich hätte bitte gerne deine Unterschrift hier vorne drin!«

Oma ist sprachlos. Ein für sie sehr ungewöhnlicher und seltener Zustand.

Anja: »Oma, sag schon: Wie gefällt es dir?«

Oma Maria: »Mir kommt das ganz unwirklich vor. Ein ganzes Buch, nur über uns. Und du meinst, das liest auch jemand, der mich nicht kennt?«

Anja: »Ich darf dich vielleicht noch mal an dein Alter erinnern, Oma. In zwei Wochen wirst du *hundertundacht Jahre* alt. Wenn ich dich nicht kennen würde, wüsste ich schon gerne, wie du das geschafft hast.«

Oma Maria: »Du darfst das sehr gerne nachmachen. Ich schau dann auch von oben herab, wie du dich dabei anstellst.«

Anja: »Jetzt, wo es dir endlich besser geht, kannst du ruhig noch ein bisschen hier unten bleiben. Außerdem wird doch noch geheiratet.«

Oma Maria: »Darauf freue ich mich schon besonders. Wann ist noch mal eure Feier?«

Anja: »Im Sommer. Genau ein Jahr nach dem Antrag.«

Oma Maria: »Ach, die Zeit vergeht ja so schnell. Im Alter noch schneller als in der Jugend, glaub mir das.«

Anja: »Ich habe aber nur noch ein halbes Jahr, um ein Brautkleid zu finden, und wir wissen immer noch nicht, wo wir heiraten sollen.«

Oma Maria: »Da haben wir noch viel zu besprechen. Aber jetzt lies mir doch bitte eine Geschichte aus unserem Buch vor. Vielleicht kann ich von der ›älteren‹ Dame noch was lernen.«

Ein Apfelkuchen am Tag

Anneliese und Inge haben mittlerweile mitbekommen, was für eine »berühmte« Mitbewohnerin sie haben. Ich hole heute mal wieder das Buch zum Vorlesen hervor, und jede Dame bekommt noch ein Stück selbst gemachten Apfelkuchen von mir gereicht. Natürlich nach Omas Lieblingsrezept.

Früher hat sich Oma jeden Abend einen Apfel zurechtgeschnitten, vor dem Schlafengehen gegessen und dabei gebetsmühlenartig vor sich aufgesagt: »An apple a day keeps the doctor away.« So weit reichten sogar Omas Englischkenntnisse. Sie ist tatsächlich davon überzeugt, dass ein Apfel pro Tag nicht nur den Arzt fernhält, sondern hervorragend für die Verdauung ist.

Jetzt kann sie ihr abendliches Ritual leider nicht mehr umsetzen. Manchmal macht Papa ihr noch einen Apfel zurecht, denn darum kann man das Pflegepersonal wirklich nicht auch noch bitten; die haben schon genug zu tun. Deswegen bat mich Oma Maria eines Nachmittags ganz schlau: »Anja-Spätzchen, ein Stück Apfelkuchen am Tag ist doch sicherlich auch gesund, oder? Der hält sich lange in der Frischebox, und falls der Doktor doch kommen muss, bekommt er eben auch ein Stückchen.«

Gesagt getan. Hier also Omas schnelles »*Keeps-the-doctor-away-Apfelkuchen*«-*Rezept*:

Zutaten:

6 kleine Äpfel
3 Eier
80 Gramm Zucker
Eine Prise Salz
300 ml Milch
60 Gramm Mehl
50 Gramm Mandelblätter

Zubereitung:

Dafür braucht man eine Tarte-Form und, wie Oma so schön sagt, eine Wochenration Äpfel: 6 bis 7 kleine Äpfel in Spalten schneiden und auf dem gebutterten Boden der Tarte-Form spiralförmig anordnen. 3 Eier und 80 g Zucker mit einer Prise Salz schaumig schlagen, 300 ml Milch und 60 g Mehl dazugeben. Die schaumige Flüssigkeit über die Äpfel schütten und mit 50 g Mandelblättern bedecken. Das Ganze bei 200 Grad Ober-/Unterhitze 40 bis 45 Minuten auf der zweiten Schiene backen.
Fertig. Und ich sag's gleich dazu: Meist bleibt es nicht bei einem Apfelkuchenstück am Tag! ;-)

Die Damen bekommen also alle ein weiteres Stückchen Apfelkuchen. Anneliese hat auch ihre eigenen Socken an, und sogar Inge bleibt länger wach als sonst, denn alle hören genüsslich den Erzählungen aus dem Buch zu.

Oma ist schneller als der Tod

Noch fahre ich fast jeden Tag von München nach Kolbermoor und besuche Oma in ihrem schönen, neuen Heim. Papa ist bisher meist gleichzeitig vor Ort, aber zukünftig wollen wir uns abwechseln. Jetzt aber machen wir es uns erst einmal gemütlich in ihrem kleinen Zimmer, haben einen Stapel Bücher vor uns auf dem kleinen Tisch liegen, signieren schon die ersten Bücher und beantworten Fanpost. Außerdem habe ich ihr den Artikel der Abendzeitung München mitgebracht, in der ein süßes Interview zur Veröffentlichung unseres Buches abgedruckt ist, mit der Überschrift: »Oma ist schneller als der Tod«.

Oma Maria liest die Überschrift laut vor und sagt: »Wenn das der Tod mitbekommt, ist der dann nicht eifersüchtig?« Ich merke, Oma macht sich darüber ernsthafte Gedanken.

Anja: »Haha! Nee, der bekommt das gar nicht mit, weil du ja zu schnell für ihn bist!«

Oma Maria: »Meinst du nicht, dass der ein Problem damit hat?«

Anja: »Darfst dich halt weiterhin nicht von ihm erwischen lassen!«

Oma Maria: »Wenn der mich sieht, denkt der sicher, so was Altes hab ich noch nie gesehen.«

Anja: »Ich glaube, der schätzt dich nicht auf 107!«

Oma Maria: »Na ja, bis er's merkt, bin ich schon 108!«

Da die Journalisten uns wegen Omas hohem Alter und ihres Unfalls vollstes Verständnis entgegenbringen, dass wir nicht mehr mobil sind, interviewen sie uns im Heim. Unabhängig davon wird meiner Oma dort viel geboten: unter anderem der Besuch vom Nikolaus oder das Adventssingen.

Am zweiten Advent trifft sich die ganze Familie in einem nahe gelegenen Café, um auf Papas 76. Geburtstag anzustoßen. Ich habe beiden Omas die WAZ (Westdeutsche Allgemeine Zeitung) mitgebracht, in der ein sehr großer Artikel – eine ganze Seite – über die beiden Ruhrpottladys abgebildet ist.

Oma Mia (100): »Oh, wat is dat denn?« Sie freut sich wie Bolle über die Zeitung. »Wo kommt die denn her? Darf ich gleich lesen?«

Anja: »Natürlich! Schau, hier ist euer Artikel!«

Oma Mia: »Da steht ja, dat ich 100 bin! Bin ich denn schon 100?«

Anja: »Ja, klar! Den Artikel schneiden wir aus; dann brauchst du es dir nicht mehr zu merken.«

Oma Mia: »Wat mach ich denn jetzt damit, dat ich 100 bin?«

Oma Maria: »Wie gut, dass ich auch noch da bin, Mia. Das kannst du dir dann bei mir abschauen.«

Oma Mia: »Wie alt bist du denn, Maria?«

Oma Maria: »In ein paar Tagen 108!«

Oma Mia: »Donnerwetter. Dat sieht man dir gaa nich an. Wat hasse denn mit 100 noch gemacht?«

Oma Maria: »Ja, Mia, da konnte ich noch reisen. Da war ich mit meiner Mädelsgruppe in Spanien.«

Oma Mia: »Also, ohne Ute kann ich dat nich.«

Ute: »Dann komm ich mit.«

Oma Maria: »Dann will ich auch mit. Wohin geht's?«

Anja: »Jetzt feiern wir erst mal deinen 108. Geburtstag.«

Oma Maria: »Und meinst du, danach können wir mit Mia wegfahren?«

Anja: »Wir fahren ganz sicher noch mal zusammen weg.«

Oma Mia: »Ich fahr mit!«

Oma Maria: »Aber ich fahr doch bei dir mit!«

Oma Mia: »Bei mir?«

Oma Maria: »Wohin fahren wir denn?«

Oma Mia: »Dat musst *du* doch sagen!«

Oma Maria: »Ich kann doch gar nicht fahren.«

Oma Mia: »Ja, *ich* au nich!«

Der Rest der Familie schaut sich schmunzelnd an. Bei uns ist es wie bei Loriot.

Oma Mia: »Aber ich habe einen Führerschein!«

Oma Maria: »Dann musst du auch fahren.«

Oma Mia: »Wohin fahren wir denn?«

Oma Maria: »Wann fahren wir denn? Jetzt?«

Oma Mia: »Warum willst du denn *jetzt* schon fahren?«

Jochen: »Niemand will jetzt fahren.«

Oma Maria: »Doch, ich. Wer fährt mich denn mal zur Toilette?«

Anja: »Na, ich natürlich.«

Ich schiebe Oma Maria lachend in Richtung Toiletten. Dort angekommen, hängt ein großer Spiegel neben dem Waschbecken. Oma Maria erhebt sich langsam und schaut sich lange prüfend im Spiegel an. Dann sagt sie ganz trocken: »Es hat schon seine Richtigkeit, dass im Alter die Sehkraft nachlässt!«

Der 108. Geburtstag

Es ist schön, zu sehen, dass Oma sich im Heim gut eingelebt hat, aber leider wird ganz langsam auch deutlich, dass sie es bevorzugt, immer länger im Bett liegen zu bleiben. Verständlicherweise, denn die Tage im Dezember sind sehr kurz und bieten wenig Sonne und Wärme. Trotzdem freut sie sich sehr auf ihren großen Tag. Wir haben auf Facebook kurzfristig eine kleine Mitteilung rausgeschickt:

+++ Morgen wird Oma 108 Jahre alt!!! Kaum zu glauben, dass sie das trotz des Autounfalls noch geschafft hat. Zur Feier des Tages wollen wir morgen in der Buchhandlung Thalia in Rosenheim eine kleine Signierstunde geben. Wer möchte, kann gerne um 13:30 Uhr für ein Autogramm vorbeikommen und ihr persönlich zum Geburtstag gratulieren. +++

Oma Maria ist früh wach und putzmunter. Sie hat schon ein Ständchen vom Personal bekommen; nach dem Mittagessen geht es los. Ich treffe Papa schon bei Oma an, als er ihr gerade einen großen Blumenstrauß überreicht. Es ist im Übrigen gar nicht so leicht, Oma noch etwas zu schenken. Sie sagt immer, in meiner oder anderer Gesellschaft zu sein sei das Schönste; mehr brauche sie nicht.

Anja: »Herzlichen Glückwunsch, Oma! HUNDERT-UNDACHT JAHRE! Unvorstellbar. Hier, ein kleines Geschenk!« Ich drücke sie vorher ganz vorsichtig und lang.

Oma Maria: »Anja-Spätzchen, das ist aber ein schönes Bild. Das hängen wir gleich über dem Bett auf.«

Anja: »Und? Wie fühlst du dich?«

Oma Maria: »Ich fühle mich immer noch wie 20!«

Anja: »Deine Haare sehen heute besonders schön aus, und du hast eine richtig junge Ausstrahlung!«

Oma Maria: »Oh! Dann muss ich mich wohl verstecken, damit ich nachts allein schlafen kann.«

Anja: »Haha. Vor Anneliese und Inge kannst du dich aber nicht verstecken.«

Oma Maria: »Denen gebe ich dann einen Kavalier ab. – Und wie steht mir der grüne Zweiteiler?«

Anja: »Sehr gut. Er gibt dir eine sehr frische Gesichtsfarbe. Außerdem steht Grün für die Hoffnung.«

Oma Maria: »Dann hoffen wir mal, dass der Stift nicht versagt.«

Anja: »Oh, ich habe gar keinen dabei.«

Oma Maria: »Mit Blut wollte ich es dann doch nicht besiegeln.«

Jochen: »*Ich* habe einen dabei. Und zur Reserve noch einen.«

Anja: »Na, ich glaube nicht, dass so viele Menschen kommen werden.«

Oma Maria: »Wieso denn nicht?«

Anja: »Na, wir wussten ja nicht, wie fit du heute bist. Deshalb haben wir die Autogrammstunde nicht groß in der Zeitung angekündigt. Damit keiner eventuell vergeblich gekommen wäre.«

Oma Maria: »Das ist schon richtig so. Klein, aber fein. – Und was ist in der Kiste?«

Anja: »Von mir gibt es heute noch eine Extratorte! Es gibt den köstlichen Limettenkuchen mit Spekulatius-Keks-Boden.«

Oma Maria: »Den machst du viel zu selten.«

Wer ebenfalls in den Genuss dieses besonderen *Keks-Kuchens* kommen möchte, benötigt nur Folgendes:

Zutaten:

100 Gramm Spekulatiuskekse
150 Gramm geriebene Mandeln
20 Gramm Krokant
100 Gramm Butter
200 Gramm Frischkäse
500 Gramm Quark
Saft zweier kleiner Limetten
Abgeriebene Limettenschalen

150 Gramm Zucker
1 Päckchen Vanillezucker
150 Gramm Naturjoghurt
Eine Prise Salz
4 Blatt Gelatine
250 Gramm geschlagene Sahne

Zubereitung:

Die Spekulatiuskekse in einer Frühstückstüte klein klopfen. Tipp: Wenn man Spekulatius von letztem Weihnachten noch im März übrig hat und nicht weiß, wohin damit, kann man den Kuchen auch noch im Frühling backen. Und er ist auch herrlich erfrischend im Sommer. Butterkekse gehen zur Not auch, aber dann fehlt der Pfiff.

Die Butter in der Pfanne bei geringer Hitze schmelzen lassen (nicht kochen). Die bröseligen Spekulatiuskekse, die geriebenen Mandeln und Krokant mit in die Pfanne geben und zu einem Teig verarbeiten. Den als Boden in eine mit Backpapier ausgelegte Springform (Durchmesser 26 Zentimeter) drücken. Ohne Rand. Und dann in den Kühlschrank damit.

Den Frischkäse mit Quark, Limettensaft, der abgeriebenen Schale, Zucker, Vanillezucker, Joghurt und Salz zu einer Creme verrühren. Ganz wichtig: schon mal davon naschen, denn es sollte jetzt schon super schmecken.

Danach die Gelatine (nach Gebrauchsanweisung) auflösen und sofort unter die Creme mengen. Anschließend die geschlagene Sahne unterheben und die Masse auf den abgekühlten Boden verteilen. Wer will, kann die Torte mit klein geschnittenen Limettenspalten verzieren. In unserem Fall habe ich mit Krokantstreuseln eine 108 dekoriert. Dann muss alles für mindestens drei Stunden in den Kühlschrank.

Und tatsächlich: Ein paar Menschen warten schon in der Buchhandlung auf uns und machen große Augen, als ich mit Oma Maria im Rollstuhl »einfahre«. Und genau zur gleichen Zeit kommen hübsch herausgeputzt, mit Blumen und einem Geschenk in der Hand, Oma Mia mit Mama hinzu. Wir platzieren uns hinten in einer Ecke an einem Tischchen. Viele Luftballons und ein riesengroßer Stapel mit unseren Büchern türmen sich neben uns auf. Die Leiterin der Buchhandlung führt uns einmal durch den Laden, ehe wir die ersten Autogramme geben dürfen. Was wir besonders rührend finden, dass unser Buch neben den Neuerscheinungen auch in den Abteilungen Humor und Gesundheit zu finden ist.

Es kommen auch viele spontane Käufer zu uns und staunen nicht schlecht, als sie das jeweilige Alter meiner beiden Omas erfahren. Und Oma Maria ist glücklich, weil sie ganz in ihrem Element ist: Sie lacht, witzelt, flirtet und gibt auch noch dem Oberbayerischen Volksblatt ein flottes Interview. Oma Mia hingegen weiß nicht so recht, was geschieht.

Oma Mia: »Wat sitzen wir denn hier vor so einem Stapel Bücher?«

Ute: »Anja und Maria signieren ihr Buch.«

Oma Mia: »Die haben ein Buch geschrieben? Dat gibbet doch gar nich.«

Anja: »Doch, Omma, schau hier. Du hast doch auch schon eins bekommen!«

Oma Mia schüttelt ungläubig den Kopf, blättert das Buch durch und sieht ein Foto von sich darin: »Dat bin ja ich!«

Anja: »Ja, klar. Du kommst auch in dem Buch vor.«

Oma Mia: »Wat mach ich denn da drin?«

Anja: »Na, du sein.«

Oma Mia: »Und dat interessiert die Leute?«

Anja: »Na, du bist ja auch schon 100.«

Oma Mia: »Ich bin schon 100?«

Oma Maria: »Und ich bin heute 108 geworden!«

Oma Mia: »Und dat feierst du in einer Buchhandlung, Maria?«

Anja: »Öfter mal was Neues, Omma!«

Oma Mia: »Dann möchte ich meinen nächsten Geburtstag in Bottrop feiern.«

Anja: »Aber da feiern wir doch unsere Hochzeit.«

Oma Mia: »In Bottrop?«

Anja: »Nein. An deinem Geburtstag.«

Oma Mia: »Du heiratest?«

Anja: »Ja, klar.«

Oma Maria: »Wen?«

Nick hat schon mit einem Ohr bei uns zugehört, setzt sich jetzt zu uns.

Nick: »Wir haben uns doch letztes Jahr kurz vor deinem 100. Geburtstag verlobt.«

Oma Mia: »Ach, dat weiß ich gar nich mehr.«

Anja: »Ist ja auch schon etwas her. Außerdem warst *du* die Hauptattraktion, nicht wir. Trotzdem scheinst du die Sache sehr ernst genommen zu haben, denn du hast Nick prüfend angeschaut und ihn gefragt: ›Kannst du sie denn auch ernähren?‹«

Oma Mia: »War dat so?«

Anja: »Ja!«

Sicherlich keine einfach zu beantwortende Frage, wer mich kennt. Ich esse gerne und werde auch gerne bekocht. Nick vergisst dagegen gerne, dass er essen muss, und Kochen ist jetzt auch nicht seine größte Leidenschaft. Daher darf er gerne mal eine Sekunde darüber nachdenken.

Nick: »Ja, ich denke, das schaffe ich.«

Oma Mia: »Und gab's keinen Besseren?« Oma Mia schaut mich fragend an. Ich schaue Nick sprachlos an, er Oma Mia und meint trocken: »Anja hat lange gesucht, und es gab sicher den ein oder anderen, aber es gab keinen Besseren!«

Oma Mia: »Wenn es keinen Besseren gibt, dann is jut!«

Und wir müssen weitere Autogramme geben. Eine Dame möchte tatsächlich jeweils eine Unterschrift von uns allen haben. Sogar Papa darf unterschreiben.

Nach drei Stunden runden wir den Tag noch mit einer Geburtstagtorte im kleinen Kreis in einem Café ab, weil ich die selbst gemachte Limetten-Torte leider im Heim vergessen hatte. Macht nichts: Dann wird morgen einfach weitergefeiert.

Wir fragen uns alle, woher Oma Maria nur immer wieder diese Kraft nimmt. Ihre Lebensfreude ist wirklich unerschöpflich.

Bitte lächeln …

Die Zeitschrift Freundin möchte ein Interview inklusive Foto-Shooting mit uns allen machen, weil es doch sehr selten ist, dass eine Enkelin zwei Ü-100-Omas hat. Dafür kommen extra eine Reporterin und eine Fotografin zu Oma Maria ins Heim und nehmen sich den ganzen Nachmittag für uns Zeit. Auch Oma Mia und Mama, die noch mal gemeinsam umgezogen sind (von Rosenheim nach Prien am Chiemsee), trudeln aufgehübscht ein. Ebenso wie der einzige Hahn im Korb – Papa, frisch und voller Tatendrang.

Wir sitzen zunächst im leeren Café des Heims, dann werden Oma Maria und ich aber in den unterschiedlichsten Lebenslagen fotografiert: mal draußen beim Spazierengehen, mal beim »Mensch ärgere Dich nicht«-Spielen oder beim Schreiben am Laptop.

Anja: »Ist dir kalt, Oma?«

Oma Maria: »Ja, aber das ist wohl zeitgemäß«, antwortet sie und schaut durch das Fenster auf die schneebedeckten Felder. Ich hole ihre Strickjacke und schaue dann zu Oma Mia rüber: »Geht's dir gut?« Oma Mia vergisst immer wieder, warum wir fotografiert werden, und fragt: »Wat soll der ganze Quatsch …?«

Anja: »Omma, das ist die Zeitung, und die macht ein Interview mit uns.«

Oma Mia: »Ach so, wat muss ich denn tun?«

Anja: »Einfach nur lächeln und du sein!«

Und wie sie mich anlächelt. Der süßeste Augenblick ist schließlich der, als ich mich mit beiden Omas in den Armen auf eine Couch setzen soll. Da es etwas dauert, bis die Fotografin kommt, ist Oma Mia mittlerweile mit dem Kopf auf meiner rechten Schulter eingeschlafen, während Oma Maria links von mir ununterbrochen Geschichten von früher erzählt.

Was würde ich nur ohne die beide machen? Da kommt auch schon die Fotografin, knipst uns noch in dieser niedlichen Konstellation, und die Journalistin stellt ihre letzten Fragen. Danach sind wir alle platt.

Sogar meine Eltern.

Jochen: »Also berühmt sein ist wirklich anstrengend.«

Anja: »Und dabei bist du doch nur Mittäter.«

Oma Maria: »Sind wir fertig? Alle Klarheiten beseitigt?«

Reporterin: »Herzlichen Dank, Frau Fritzsche, Sie waren wunderbar. Wie gefällt es Ihnen eigentlich hier im Heim?«

Oma Maria beugt sich leicht vor und flüstert verschwörerisch: »Ich weiß, das mag komisch klingen, aber mir fehlen die jungen Menschen. Wer will schon mit lauter Alten zusammenwohnen?« Sie zwinkert ihr zu. »Tage wie diese liebe ich. Zusammen mit Jung und Alt – das gibt Halt!«

Ein Nachwuchs namens Nelli

Es ist der 22. Dezember und ein guter Grund, eine Flasche Sekt zu öffnen. Oma Maria und ich können es nicht fassen: Wir sind auf Platz 19 der Spiegel-Bestsellerliste eingestiegen. Was für ein Geschenk.

Weihnachten feiern wir dieses Jahr bei Nick und mir zu Hause. Mal wieder heißt es: Es wird sicherlich das letzte gemeinsame Weihnachten werden. Zu meiner großen Freude bekomme ich ein besonderes Geschenk von Nick. Eine achtjährige weiße Terrier-Hündin namens Nelli mit zwei cognacfarbenen Punkten am Rücken. Nicks Eltern haben vor acht Jahren ihre Terrierhündin »Izzibizzi« decken lassen, und aus dem Wurf ist Nelli hervorgegangen und ihnen geblieben.

Es war langsam an der Zeit, ihr ein eigenes Zuhause zu geben, denn Nelli wollte nicht mehr die Nummer zwei hinter ihrer Mutter sein. Das erste »Probesitzen« gab es schon vor zwei Jahren bei Nicks Familie. Nelli sprang gleich auf meinen Schoß und wollte nicht mehr weg von mir. Jetzt haben wir auch den passenden Garten und Platz für sie. Nelli ist sehr brav, gut erzogen, zuckersüß und voller Lebensfreude. Und sie kann weiterhin ihre Mutter besuchen, wann immer sie möchte. Sie ist natürlich unser gemeinsamer Hund, aber da ich freiberuflich tätig bin, ist Nelli die meiste Zeit bei mir.

Als Weihnachtsgeschenk mit einem roten Schleifchen um den Hals begeistert sie auch die Omas. Es ist so schön zu sehen, wie gut Tiere älteren Menschen tun. Sofort zaubert sie ihnen ein Lächeln ins Gesicht – das Herz geht einem auf.

Oma Mia: »Wir hatten auch mal so einen kleinen Frechdachs. Lumpi hieß der!«
Oma Maria: »Oh ja, ich muss auch noch oft an meinen denken. Das war auch ein Terrier. Der hieß Fips!«
Oma Maria: »Da hinten brennt was.«
Anja: »Das ist ein Kaminfeuer im Fernsehen.«
Oma Mia: »Is heut wat Besonderes?«
Anja: »Omma, heut ist Weihnachten!«
Oma Mia: »Ach so … Ich hab Hunger!«
Anja: »Haha! Hier – du kannst mein letztes Türchen öffnen.«
Oma Maria: »Oh, ich hätte auch gern eine Praline!«

Es ist wie mit kleinen Kindern. Was die eine bekommt, will die andere auch … Also bringe ich ihnen jetzt schon ihre Plätzchenteller. Beide Omas strahlen.

Jochen: »Und ich? Ich bekomm nichts?«
Anja: »Doch, dein Teller steht noch in der Küche.«
Jochen: »Wird Zeit, dass ich alt werde. Sonst bedient mich nie jemand.«
Ute: »Bring meinen gleich mit.«
Jochen: »Bist du schon alt genug dafür?«
Ute: »Für die Plätzchen oder das Bedientwerden?«
Anja: »Alles alkoholfrei.«
Oma Maria: »Oh ja, ein Schlückchen Glühwein hätte ich auch noch gerne, Jochen.«

Jochen: »Mutter, du musst doch noch eine Tablette nehmen.«

Oma Maria: »Brauche ich heute nicht. Ein frohes Herz ist die beste Medizin.«

Normalerweise gibt es bei uns zu Weihnachten traditionell Würstchen mit Kartoffelsalat. Da es aber dieses Mal wirklich das letzte gemeinsame Weihnachten sein könnte, gibt es Wildgulasch mit Kartoffelknödeln und Blaukraut.

Anja: »Omma, jetzt schling doch nicht so!«

Oma Mia: »Ich hab Hunger!«

Ute: »Du hast doch grad schon so viele Plätzchen gegessen.«

Oma Mia: »Dat weiß ich nich mehr.«

Jochen: »Man sagt doch, mindestens zweiunddreißigmal kauen.«

Oma Maria: »Genau. Für jeden Zahn einmal.«

Oma Mia: »Dat gilt aber nich für mich. Ich hab nur ein Gebiss.«

An dieser Stelle darf ich Loriot zitieren: »Es ist der Reiz des Lebens, dass man nicht alles für selbstverständlich hält, sondern noch bereit ist, sich zu wundern.« Und das alles bis hierher mit den Omas zu erleben ist wirklich sehr wundervoll und abwechslungsreich.

Auf in ein schönes neues Jahr!

JAHR 2018
Oma Maria (108) und Oma Mia wird 101

Voll normal

Wenn dir eine 108 Jahre alte Dame sagt, man hat noch viel Zeit, dann wirkt das beruhigend.

Bevor es raus an die frische Luft geht, setzen Oma Maria, Nelli und ich uns noch rüber in den Aufenthaltsraum des Pflegeheims. Unser Hund inspiziert wie immer erst alle Räume und wird dann begeistert vom Pflegepersonal und den Heimbewohnern empfangen. Nicht ohne hier und da ein Leckerli abzustauben und sich ganz viele Streicheleinheiten abzuholen. Nelli liebt Menschen, und diese Liebe bekommt sie auch zurück. Oma signiert gerade wieder eines unserer Bücher, als mich eine ältere Dame anspricht.

»Entschuldigung, aber die Dame sagt, sie sei 108 Jahre alt. Stimmt das?«, und sie deutet dabei auf Oma.

»Ja, meine Oma ist tatsächlich so alt!« Oma lächelt, nickt ihr freundlich zu und signiert weiter. Die Dame unterhält sich weiter mit mir. »Ich habe mich letztens lange mit Ihrer Großmutter unterhalten. Sie hat ja noch einen richtig wachen Geist!«

»Vielen Dank!«, erwidert Oma, die natürlich genau zuhört. »Wir haben sogar gerade ein Buch zusammen veröffentlicht!« Ich halte ihr unser Buch entgegen. Daraufhin nimmt sie das Buch in die Hand, schaut auf das Titelblatt, schaut erst Oma, dann mich verblüfft an, dann wieder Oma und sagt: »Das gibt's ja nicht!« In dem Augenblick kommt ihre 87-jährige Bekannte vorbei, zu der sie sagt: »Du, sie ist wirklich schon 108!«

Bekannte: »Ich weiß. Und das Beste ist: Sie liest ohne Brille!«

Oma Maria: »Ja, warum auch nicht?« Als wäre es das Selbstverständlichste auf der Welt. Alle lachen herzlich, denn bei so einer Aussage bleibt kein Auge trocken.

Ich muss fairerweise erwähnen, dass Oma im Alter von 96 Jahren eine sich sehr lohnende Augen-OP wegen grauem Star hatte.

Die Brautkleid-Anprobe

Oma Maria kann leider nicht mit, aber Mama und Oma Mia freuen sich sehr, dass sie und eine Freundin mich in das Brautgeschäft bei uns um die Ecke begleiten dürfen. Wir werden in einen separaten Raum geführt, und Oma Mia nimmt schon mal auf der Couch Platz. Rechts liegen ein paar Haarkränze, von denen Mama ihrer Mutter gleich einen aufsetzt.

»Wat machst du denn da?«, entgegnet diese wenig begeistert.

»Ich setze dir ein paar Blümkes auf den Kopf. Das

steht dir gut«, freut sich Mama. Oma findet das aber nicht so lustig und die Brautmoden-Beraterin irgendwie auch nicht. Also zücke ich mal wieder die Altersbonuskarte.

»Entschuldigen Sie bitte, hätten Sie vielleicht ein Glas Wasser für meine 101-jährige Großmutter? Sie muss viel trinken!« Und das Gesicht der Verkäuferin wechselt von Erstaunen über verdattert bis hin zu Ungläubigkeit.

»Ihre Oma ist über 100 Jahre alt? Ich habe noch nie mit so einem alten Menschen gesprochen!«

Anja: »Kein Problem. Sie können sie gerne alles fragen.«

Ute: »Haben Sie auch ein Schlückchen Sekt?«

Anja: »Mama, bitte!«

Ute: »Wat is denn, Anja? Im Fernsehen kriegen die Kundinnen auch immer ein Gläschen angeboten.«

Anja: »Erstens sind wir hier nicht im Fernsehen. Zweitens bekommt man nur ein Glas Sekt, wenn man sich für ein Kleid entschieden hat, um anzustoßen!«

Beraterin: »Kein Problem, bringe ich Ihnen trotzdem gerne.«

Anja: »Prima! Das baut jetzt gar keinen Druck auf, Mama …«

Wir flanieren durch die Kleiderreihen, und ich merke: Ich habe mir noch nie Gedanken darüber gemacht, wie mein Kleid aussehen soll.

»Lang und rückenfrei wäre ganz schön, leicht und luftig, denn wir heiraten im Sommer, aber keinen Glitzer«, sage ich der Beraterin.

»*Ich* finde, Sie können alles tragen!«, meint sie daraufhin. Wir werden es rausfinden.

Mama hat in der Zwischenzeit ein Kleid im Prinzes-
sinnenstil für mich rausgesucht, die Beraterin ein sehr
extravagantes, und ich habe mir eines im Vintage-Stil
rausgefischt. Alle drei komplett anders. Na, wunderbar.

Als ich Mamas Wunschkleid anziehe und aus der
Garderobe trete, kommen ihr tatsächlich die Tränen.
Jetzt bin ich auch ganz gerührt.

Anja: »Aber Mama, ist doch nur ein Kleid.«

Oma Mia: »Dat is aber viiiiel Kleid. Da sieht man ja
gar nix mehr von dir.«

Beraterin: »Ich finde, es steht Ihnen gut. Möchten
Sie einen Schleier dazu probieren?«

Meine Freundin ist auch ganz gerührt, aber wir sind
uns zum Glück alle einig, dass es das noch nicht ist.
Meine Vintage-Variante macht mich zu alt, und als ich
in dem Wunschkleid der Verkäuferin aus der Garderobe trete, das am Saum eine Art Federboa hat und ab
der Taille aufwärts nur aus Strass-Steinchen besteht,
bringt es Oma Mia direkt auf den Punkt: »Du siehst
leider wie 'ne Standard-Turniertänzerin aus!«

Das war es dann auch. Ein anderes Kleid finden wir
nicht, zumindest nicht in unserer Preisklasse.

Oma Mia: »Also, ich hatte ein einfaches weißes Kostüm an. Ute auch.«

Anja: »Du hast ja auch nur standesamtlich geheiratet.«

Oma Mia: »Macht ihr dat nich?«

Anja: »Doch, Oma, aber für das große Fest im Garten brauche ich ein großes Kleid.«

Oma Mia: »Dat hat ja noch Zeit. Kuckste morgen mal bei Karstadt!«

Am Abend erkundigt sich sogar Papa, ob wir erfolgreich waren.

Anja: »Also, Papa, das ist echt schwieriger, als ich dachte. Ich konnte mich für keines entscheiden.«

Jochen: »Egal, wie es aussehen wird: Solange es weiß ist, hast du schon die Hälfte der Miete.«

Anja: »Vielleicht nehme ich doch Mamas Kostüm.«

Jochen: »Da fällt mir wieder ein: Als deine Mama und ich geheiratet haben, musste ich 45 Minuten in der Kirche auf deine Mutter und meine Schwiegermutter warten.«

Anja: »Was? Wieso das denn?«

Jochen: »Na, dass die beiden ein anderes Zeitgefühl haben, weißt du ja.«

Anja: »Aber doch nicht bei der Hochzeit!«

Jochen: »Das dachte ich auch. Und als ich dann dezent zu meiner zukünftigen Schwiegermutter gemeint habe – als beide dann endlich in der Kirche erschienen –, ob sie sich nicht wenigstens heute hätten etwas beeilen können, meinte Oma Mia nur: ›Wieso, Jochen, haste heut noch wat anderes vor?‹«

Anja grinst: »Jetzt ist mir so einiges klar. Es heißt ja nicht umsonst: ›Für die wichtigen Dinge im Leben soll man sich Zeit nehmen.‹«

Aufnahme läuft!

Wir bekommen eine Radio-Interview-Anfrage vom Hessischen Rundfunk. Dafür müssen wir zum Glück nur ins Tonstudio nach München fahren, denn für Oma Maria sind lange Fahrten leider nicht mehr drin. Dies würde sie nur mit noch stärkeren Schmerzmitteln durchstehen, und dann würde wiederum ihre Gesamtverfassung darunter leiden. Also haben wir beschlossen, uns nur noch kurze Fahrten mit langen Aufenthalten vorzunehmen – und nicht andersherum.

Auch haben wir bei der Talkshow *Tietjen und Bommes* Bescheid gegeben, dass Oma Maria den Fernsehauftritt leider nicht mehr wahrnehmen kann, da sie nicht mehr »reisetauglich« ist. Sie bieten mir im Gegenzug an, dass ich auch gern allein in die Sendung kommen und über meine beiden Ü-100-Omas sprechen könnte.

Oma Maria: »Also, Spätzchen, das wäre doch toll, wenn du das machen würdest.«

Anja: »Oma, so ohne dich? *Du* bist doch die Hauptperson.«

Oma Maria: »Das ist doch ganz wunderbar, wenn ich dich dann im Fernsehen sehen könnte.«

Anja: »Ich weiß nicht ... Ich habe so etwas noch nie gemacht.«

Oma Maria: »Tu es für mich. Ich würde es so gerne selbst machen, wenn ich könnte. Den Menschen Mut machen, dass es im Alter noch sehr lebenswert sein kann, ist doch eine schöne Botschaft.«

Anja: »Ja, wenn das ein sehr alter Mensch sagt, schon. Aber wenn *ich* da sitze …«

Oma Maria: »… bist du mein Sprachrohr.«

Anja: »Jetzt muss ich erst einmal das Radio-Interview ohne dich halten, zu schade, dass dir dein Bein heute so wehtut.«

Oma Maria: »Du schaffst das, Spätzchen. Sag der Dame liebe Grüße, und erinnere Jochen bitte noch mal daran, wann genau er das Radio für uns anstellen muss. Das will ich nicht verpassen.«

Anja: »Es ist nicht live, Oma.«

Oma Maria: »Oh, umso besser, dann können wir es dann alle gemeinsam anhören.«

Das Interview wird ein Podcast über unser Buch für hr-info (Hessischer Rundfunk). Dafür fahre ich nach München in die Stadt zum Bayerischen Rundfunkhaus und werde allein in ein Tonstudio gesetzt, während die Moderatorin aus dem Studio in Frankfurt zugeschaltet wird. Wir machen noch einen Soundcheck vorab, während meine Aufregung immer mehr steigt.

Was, wenn ich keinen Ton rausbringe? Sehr unwahrscheinlich, denn normalerweise reagiere ich schon von Natur aus spontan auf jede Frage, die man mir stellt, mit irgendeinem Laut oder Lachen. Was, wenn ich die Frage nicht verstehe? Auch sehr unwahrscheinlich. Was soll es bei Oma-Themen nicht zu verstehen geben? Was, wenn ich einen Blackout habe und einfach vom Stuhl falle? Reinsteigern ist jetzt auch keine Lösung, Anja! Ob ich noch mal zur Toilette darf? Ich darf. Uff.

Ich schaff das schon. Einfach auf mich zukommen lassen. Tief durchatmen. Vielleicht würde mir jetzt ein Schlückchen Averna helfen? Stocknüchtern hingegen geht es jetzt um 11 Uhr los. Wir sind on air.

»Gibt es jemanden in Ihrer Familie, der über 100 Jahre alt ist? Bei Anja Fritzsche in der Familie sind es sogar zwei!«, beginnt die Moderatorin das Interview und fragt mich unter anderem, was das Geheimnis eines so langen Lebens sei und wie man den Alltag mit über 100-Jährigen meistert.

Darauf zu antworten ist natürlich nicht so schwer, denn es ist fast wie eine private Unterhaltung. Die Moderatorin erkundigt sich weiter nach unserem Drei-Generationen-Rezept. Dazu kann ich nur sagen: »Für Oma Maria haben wir alle ein Alter: Egal, ob mein Vater jetzt über 70 ist, ich um die 40 oder sie selbst schon über 100 Jahre alt ist.« Das macht keinen Unterschied. Wir fühlen uns alle wie um die 20, jung und frei, alles zu erleben, was wir wollen.

Oma Maria kommt ebenfalls zu Wort. Ihre Antworten hört man über Telefonmitschnitte, die zuvor aufgenommen wurden. Auf die Frage, was sie selbst zu ihrem hohen Alter sagt, antwortet Oma Maria: »Ich habe keine Angst vor dem hohen Alter. Andere Leute werden auch alt. Ich auch. Ich bin also nicht alleine.«

»In Zukunft werden die Menschen ja immer älter, unter anderem auch aufgrund der besseren gesundheitlichen Versorgung, und es ist dann vielleicht nichts Besonderes mehr, 108 zu werden. Der älteste Mann zum Beispiel, Gustav Gerneth aus Havelberg,

Sachsen-Anhalt, ist 112 Jahre alt«, erzählt die Moderatorin. Er ist übrigens mit 114 Jahren am 25.2.2020 verstorben. »Ein sogenannter Supercentenarian. Gibt Ihnen das zu denken?«, fragt sie mich. Als Supercentenarian bezeichnet man die Menschen, die mindestens 110 Jahre alt geworden sind. Derzeit leben geschätzt 300 bis 450 Supercentenarians weltweit; jedoch wurde nur bei einem Bruchteil das Alter wissenschaftlich überprüft.

»Nein«, erwidere ich, »denn es kommt ja nicht drauf an, wie alt man wird, sondern *wie* man alt wird. Nicht Rekorde zu brechen, sondern Qualität zu leben. Dass man mit sich zufrieden ist und sich austauschen kann. Die Erfahrung haben die Alten, die neueste Technik verstehen die Jungen …«

Am Ende der – für mich übrigens sehr amüsanten – Unterhaltung gibt mir die Moderatorin kurze Sätze vor, welche ich, ohne lange darüber nachzudenken, spontan vervollständigen soll. Oje. Erst einen Schluck Wasser bitte – und los geht's.

Moderatorin: »Das Alter kann einem nichts anhaben, solange man …«

Anja: »… beweglich ist und geistig fit.«

Moderatorin: »Das Beste am Älterwerden ist für mich …«

Anja: »Ich achte darauf nicht. Alter gibt es nicht für mich.«

Moderatorin: »Falten sind …«

Anja: »… wunderschön, wenn man lächelt.«

Die abschließende Frage geht an Oma Maria: »Mein größter Wunsch fürs Alter ist …«

Oma Maria: »... ich möchte, dass ich gesund bleibe und alles mit gesundem Verstand aufnehme, was mir noch vergönnt ist zu sehen. Und dafür sorgt meine Familie, indem sie mich immer wieder überrascht. Außerdem bin ich zufrieden.«

Wow. Ich habe es geschafft! War gar nicht so schwer. Irgendwie habe ich das gleiche Laber-Gen wie Oma, wenn man mich mal loslässt, geht's. Trotzdem bin ich ganz erschöpft von der Anspannung. Ich verlasse das Studio und fahre auf dem direkten Weg zu Oma. Die wird Ohren machen ...

Die Kurzform von Gott

Oma Maria sitzt heute vergnügt im Aufenthaltsraum und unterhält sich mit der Ehefrau eines Heimbewohners. Sie ist wieder als »Schriftstellerin« erkannt worden und gibt ein paar ihrer Geschichten zum Besten. Wir kommen dazu, und ich sehe, dass sie ein Rätselheft vor sich liegen hat.

Anja: »Oma, du machst noch Rätsel?«
Oma Maria: »Hallo, Spätzchen! Hallo, ihr Lieben! Wie schön, dass ihr alle da seid. – Ja klar, mein Hirn-Training. Sonst weiß ich ja nicht, was ich noch alles weiß.«
Anja: »Gesucht wird hier zum Beispiel: ›Rheinische Gottheit mit einem Buchstaben‹.«

Jochen: »Einfach.«

Oma Mia: »Wat is einfach?«

Oma Maria: »J!«

Anja: »Hä?«

Oma Maria: »Na, Jott!«

Oma Mia: »Haha. Dat merk ich mir!«

Anja: »Glaubst du wirklich?«

Jochen: »Lieber glauben oder selber Superkräfte haben!«

Ute: »Welche Superkräfte hättet ihr denn gerne?«

Oma Mia: »Fliegen können, dat wäre doll!«

Anja: »Unsichtbar sein.«

Jochen: »In die Zukunft schauen können.«

Ute: »Ich würde gerne dat Wetter beeinflussen können!«

Anja: »Und du, Oma Maria?«

Oma Maria: »*Ihr* seid meine Superkräfte.«

BVB oder FC Bayern?

Ein weiteres, sehr amüsantes Interview über meine Omas darf ich dem Radiosender WDR5 in seiner Sendung »Neugier genügt« geben. Nach dem Motto: »Das Beste kommt zum Schluss« lässt sich der sehr sympathische Moderator noch einmal von mir bestätigen, dass Oma Maria wirklich am 19.12.1909 geboren wurde und, ja, auch Fan des Fußballclubs FC Bayern sei. Und mit schönen Grüßen an Oma Maria solle ich ihr ausrichten, das sei der falsche Verein.

Denn genau an Oma Marias Geburtstag wurde der BVB (Ballspielverein Borussia/Dortmunder Fußballverein) gegründet! Und das sei ja dann aus der Sicht des Ruhrgebiets der durchaus attraktivere Verein.

»Das gibt es doch nicht! Das ist ja der Wahnsinn!«, entgegne ich ihm. »Was meinen Sie, wie sie darauf reagieren wird?«, fragt mich der Moderator. »Ich könnte mir vorstellen, sie wechselt vielleicht doch noch den Verein«, antworte ich lachend. Wobei das eigentlich bei ihrer Bayerntreue nicht drin ist. Aber das ist schon ein wirklich unschlagbarer Grund. »Lassen Sie es uns wissen, wie sie sich entschieden hat. Wir würden ihr dann auch gelb-schwarze Bettwäsche (Vereinsfarben BVB) schicken«, scherzt er und gibt mir noch herzliche Grüße für Oma Maria mit.

Da auch dieses Interview eine Aufzeichnung ist und nicht live gesendet wird, erzähle ich Oma Maria natürlich sofort von der heißen Neuigkeit und will natürlich auch wissen, wie sie dazu steht – dass sie quasi der verschollene BVB-Zwilling ist.

Oma Maria: »Das ist ja nicht möglich. Dann bin ich ja jetzt offiziell der einzige Fan, der bei beiden Mannschaften jubeln darf, wenn ein Tor geschossen wird!«

Der Lebensretter

Wie gesagt: Normalerweise ist Oma Maria in diesen kalten Frühjahrsmonaten immer verreist. Sie hat große Sehnsucht nach Wärme und Sonne. Jetzt schaut sie oft lange aus dem Fenster und fragt sich, warum sie 108 Jahre alt werden durfte und nun die Folgen des Autounfalls es ihr am Ende doch noch so schwer machen. Tatsächlich ist es mittlerweile noch schwieriger geworden, sie aus dem Bett zu locken. Selbst der leckere Apfelkuchen scheint seinen Reiz verloren zu haben. Sie isst immer weniger und hat nicht mehr denselben Elan wie früher. Dafür kommt Oma Mia aber öfter zu Besuch.

Oma Maria: »Du trägst ja deinen dicken alten Pelz, Mia. Ist es so kalt draußen?«

Oma Mia: »Dat is richtig usselig da.«

Oma Maria: »Und deine Perlenkette hast du auch extra für mich angelegt?«

Oma Mia: »Dat muss schon sein.«

Oma Maria: »Das erinnert mich an deine Geschichte von früher.«

Oma Mia: »Ach, du meinst, als ich mit der kleinen Ute im Arm in Frankreich im Dorf stand?«

Oma Maria: »Genau.«

Oma Mia: »Dat waren noch Zeiten, da hat mir der Pelz dat Leben gerettet.«

Anja: »Was ist denn damals passiert?«

Oma Mia: »Wir standen mit nix in einem Dorf in Frankreich und mussten als Deutsche (nach dem Krieg) bei den Familien dort aushelfen. Da konnte sich jeder in dem französischen Dorf ein deutsches ›Dienstmädchen‹ aussuchen. Und weil ich den Pelz und meine Perlenkette anhatte, kamen wir zur reichsten Familie des Ortes, und ich durfte Ute mitnehmen. Alle anderen mussten sich von den Kindern trennen. Seitdem sind dat meine Glücksbringer.«

Oma Maria: »Anja-Spätzchen, dann pack mich mal gut ein. Die Weste und die Jacke, bitte!«

Anja: »So, fertig. Wir sehen jetzt alle aus wie Michelin-Männchen. Wir werden richtig viel Platz brauchen, wenn wir irgendwo hinkommen.«

Oma Maria: »Als wir noch dünner waren, standen wir uns näher.«

Anja: »Dafür sitzt ihr jetzt bequemer.«

Links vor rechts

Der Februar hat es in sich. Oma Mia hat sich bei einem Sturz den Arm gebrochen. Mama hat sie gleich ins Krankenhaus gefahren. Leider durfte sie Oma Mia nicht bis in den Behandlungssaal folgen. Vorschriften sind Vorschriften.

Ute: »Aber meine Mutter hat Alzheimer!«

Arzt: »Das ist für unsere Behandlung nicht relevant. Bitte, warten Sie hier.«

Ute: »Meine Mutter ist nie allein. Es ist wirklich besser, wenn ich mit reinkomme.«

Oma Mia: »Wat is denn dat Problem?«

Ute: »Mammi, dein rechter Arm ist gebrochen, und du brauchst jetzt eine Schiene.«

Oma Mia: »Ach, so wat. Hab ich gar nich gemerkt.«

Arzt: »Wir kümmern uns jetzt um Sie.«

Der Arzt geht weg, und Mama wartet und wartet im Wartezimmer. Es kommt ihr ungewöhnlich lang vor, aber nachzufragen nützt nichts. Nach drei Stunden wird Oma Mia ins Wartezimmer zurückgeschoben und hat nun ihren linken Arm in einer Schiene.

Ute: »Mammi, wat is dat denn?« Sie schaut die Assistentin entgeistert an. »Meine Mutter hat doch den *rechten* Arm gebrochen?«

Krankenschwester: »Oh, das weiß ich nicht. Ich sollte sie nur zu Ihnen bringen.«

Ute: »Aber der rechte Arm ist doch noch ganz dick. Dat sieht man doch!«

Krankenschwester: »Jetzt, wo Sie es sagen ... Stimmt!«

Ute: »Mammi, warum hast du denn nix gesagt?«

Oma Mia: »Weswegen?«

Ute: »Ja wegen deinem Arm!«

Oma Mia: »Ich hab nix gemerkt. Aber der Arm hier tut weh.« Und Oma Mia versucht, den rechten Arm zu bewegen. Damit fahren die verwunderte Krankenschwester, Oma Mia, verwundet und verwundert, wieder in den Behandlungsraum zurück. Und siehe da, 30 Minuten später ist der rechte Arm verbunden. Dabei lautet die Grundregel in Deutschland doch sowieso »rechts vor links«.

Während Oma Mia mit ihrer Verletzung zu tun hat, leidet Oma Maria unter einer Grippe. Im Rollstuhl war sie leider viel zu oft der Kälte ausgesetzt.

Oma Maria: »Hatschi!«

Anja: »Gesundheit, Oma, und äääähm, ein langes Leben!«

Oma Maria: »Da musst du dir jetzt schon was Neues einfallen lassen.«

Anja: »Ach, verdammt. Dann wünsch ich dir halt ›Frische Blumen‹.«

Oma Maria: »Die nehm ich.«

Seitdem heißt es bei uns in der Familie, wenn jemand niest, nur noch: »Frische Blumen!« Und manchmal kaufen wir dann wirklich welche.

Jetzt will Oma Maria nach zwei Wochen mal wieder aufstehen, um ein wenig hin und her zu laufen.

Oma Maria: »Warum geh ich denn so wackelig?«

Anja: »Weil du einen Unfall hattest und dich jetzt auch noch eine Grippe erwischt hat.«

Oma Maria: »Ach, stimmt, das mit dem Unfall vergesse ich immer wieder. Und ich dachte schon, das sei Altersschwäche! Da hab ich ja noch mal Glück gehabt, hihi!«

Anja: »Und wie geht's dir jetzt?«

Oma Maria: »Ich fühl mich wie Schmidtchen Schleicher mit den elastischen Beinen! Kennst du das Lied noch?«

Anja (singt weiter): »... wie der gefährlich in den Knien federn kann!«

Oma Maria: »Also, dem mach ich jetzt Konkurrenz!«

Der Unterschied zwischen
Alzheimer und Demenz

Weil Oma Maria und ich schon lange nichts mehr auf
Facebook gepostet haben, bekomme ich von vielen
Seiten immer häufiger die Frage gestellt, wie es denn
den Omas ginge. Deswegen gebe ich die Frage gleich
mal weiter.

Anja: »Oma, wie geht es dir?«
  Oma Maria: »Ich bin ein wenig müde.«
  Anja: »Wollen wir wieder facebooken?«
  Oma Maria: »Was machen?«
  Anja: »Fanpost am Computer beantworten?«
  Oma Maria: »Ach, Spätzchen, ich weiß nicht, was
du meinst ... mein Gedächtnis ist wohl nicht mehr das,
was es mal war ... mach du mal – ich schau dir dabei
zu ... Und meine linke Hand ist auch oft so kribbelig
und taub.«

Also klicke ich uns mit Begeisterung durch die gesam-
te Facebook-Zeit. Und weil sich leider das Kurzzeitgedächtnis von Oma Maria immer mehr verabschiedet,
sie viel und gerne schläft, verabschieden wir uns Ende
März bei unseren Fans auf Facebook mit ihrem Lieb-
lingsfoto von 2016. Darauf sind wir am Strand von
Cala Murada auf Mallorca zu sehen.
  Wir sagen DANKE für die aufregende Zeit. Mehr
Freude hätte man Oma Maria in ihrem Alter nicht
machen können. »Wir wünschen ein sonniges Oster-

fest, und bleiben Sie alle gesund und frohen Herzens!«

P.S.: Zum 109. Geburtstag melden wir uns natürlich wieder.

Woher kommt es also, dass Oma Marias Kurzzeitgedächtnis sie jetzt so oft im Stich lässt? Natürlich hat sie auch schon mit 107 Jahren mal den ein oder anderen Namen vergessen, wusste nicht so recht, wie genau man das ein oder andere Gericht kocht oder wo Papa den Abend verbracht hat. Aber sie kann immer noch schneller im Kopf rechnen als ich. Und jetzt? Sie verliert langsam die Orientierung und weiß manchmal gar nicht mehr, dass sie im Heim wohnt. In diesem Licht betrachtet, nehmen die Gedächtnislücken erkennbar zu. Wird sie jetzt auch richtig dement?

Oma Mia hingegen leidet schon lange an Alzheimer, aber bei ihr äußert sich das irgendwie anders. Deswegen frage ich mich, was ist eigentlich der Unterschied zwischen Alzheimer und Demenz, und habe Folgendes herausgefunden: Demenz ist keine bestimmte Krankheit, sondern der Oberbegriff für den Verlust der geistigen Leistungsfähigkeit. Und je nach Symptomen und Ursachen teilt man die Demenz in unterschiedliche Formen ein. Eine Unterform davon ist die Alzheimer-Demenz.

Und ich habe noch etwas Interessantes auf der Internetseite der Deutschen Alzheimer Gesellschaft e.V. gefunden. Es gibt eine primäre Demenz, worunter Alzheimer fällt. Das bedeutet das eigenständige Absterben der Nervenzellen. Und dann gibt es eine sekundäre Demenz, wodurch die Nervenzellen als Folge einer Krankheit, wie zum Beispiel Alkohol- oder Medikamentensucht, absterben. Diese Demenz kann man bei Früherkennung sogar noch aufhalten. Hat Oma Maria jetzt vielleicht die sekundäre Demenz? Weil sie so viele Medikamente wegen ihres Unfalls schlucken musste? Und könnten wir das vielleicht doch noch aufhalten?

Wenn ich darüber nachdenke, hat Oma Mia ihr Alzheimer auch erst ganz langsam und in sehr hohem Alter, ab 98 Jahren, bekommen. Gleichzeitig mit ihrer Schwerhörigkeit. Diese wiederum begünstigt nämlich die Passivität der Gehirnarbeit, denn wenn man schlecht hören kann, kapselt man sich oft von Gesprächen ab, weil es einem unangenehm ist, das auch zuzugeben. Deswegen soll man sich bei Schwerhörigkeit nicht vor einem Hörgerät scheuen. Das Verzwickte ist nur, dass Oma Mia eben vergessen hat, dass sie eines besitzt.

Anja: »Omma, mach doch bitte dein Hörgerät rein!«
Oma Mia: »Wat?«
Anja: »Dein Höööööörgerät!« Ich gestikuliere wild mit den Händen zwischen den Ohren hin und her.
Oma Mia: »Brauch ich nich!«
Anja: »Einstöpseln bitte!«, *schreie* ich zu ihr rüber.
Oma Mia: »Nee, ich versteh ja, wat du sachst!«

Bei Oma Maria ist es wahrscheinlich eine Mischung aus der primären und sekundären Demenz. Das alleinige Absterben der Hirnzellen durch zu wenig Durchblutung, bedingt durch die fehlende Bewegung; und der sekundären Demenz, verursacht durch die vielen Medikamente, um die sie in letzter Zeit leider nicht herumkommt. Aber so richtig was dagegen tun können wir nicht, außer so gut es geht für sie da zu sein.

Hand und Fuß

Oma Maria: »Spätzchen, wann kommst du wieder?«
Anja: »Ich gehe gar nicht weg. Ich bleibe.«
Oma Maria: »Das ist aber toll, dann kann ich beruhigt einschlafen.« Ich nehme Omas gepflegte Hände in meine. Sie haben exakt die gleiche Form. Deshalb werden sie mich immer an sie erinnern.

Tatsächlich treffe ich Oma Maria immer häufiger schlafend an, wenn ich sie im Heim besuche. Also besorge ich erst mal Nelli ein Näpfchen mit Wasser und lasse sie schwanzwedelnd den einen oder anderen Heimbewohner – natürlich mit vorheriger Erlaubnis – besuchen. Die älteren Herrschaften sind immer ganz entzückt von ihr. Nur muss ich auf der Hut sein, denn jeder will Nelli füttern. Eine Dame hat Nelli allen Ernstes ihre volle Grießbreischüssel vor die Pfoten gestellt. Da wurden Nellis Augen groß. Meine aber auch. Ich war allerdings schneller (nicht im Essen, sondern im Wegstellen der Schüssel).
Während Oma weiterschläft, drehe ich mit Nelli eine neue Runde und unterhalte mich ein bisschen

80

mit Heide. Das ist Omas neue Mitbewohnerin, denn Inge ist leider verstorben. Für Oma war das ein sehr trauriger Tag, obwohl sie Inge nur ein paar Monate kannte. Heide ist lebendig und Oma Maria in sehr vielen Dingen behilflich, aber leidet leider auch an Alzheimer. Jetzt wartet Heide freudig im Flur vor dem Zimmer auf mich und winkt mir mit unserem Buch in der Hand zu. Sie kann es im Grunde nicht glauben, dass Oma Maria ein Buch mit mir geschrieben hat. Ihre Enkelin wohnt leider weit weg und kann sie selten besuchen, aber sie möchte ihr das Buch schicken und hätte gerne eine Widmung von uns. Das mache ich natürlich – wieder – sehr gerne, denn das habe ich schon bei meinem letzten Besuch gemacht, sie hat es nur leider vergessen. Und um ihr diese »Peinlichkeit« zu ersparen, nehme ich ihr schnell ihr persönliches Exemplar aus der Hand, bevor sie es vorne aufschlägt und die schon vorhandenen Unterschriften sicht.

»Ach, Heide, gehen Sie doch schon mal zum Abendbrot. Und wenn Sie wiederkommen, hat Maria ebenfalls schon unterschrieben.«

»Ach, das ist nett von Ihnen. Ich wollte Ihre Großmutter deswegen nicht wecken.«

Ich blicke zu Oma hinüber, die mir inzwischen noch kleiner vorkommt als sonst. Eigentlich wäre sie jetzt das Spätzchen. Ich wecke sie immer noch nicht auf und setze mich neben ihr Bett.

Wenn man es genau nimmt, ist Oma Marias Körper um sechs Zentimeter geschrumpft, nur ihre Füße nicht: Sie hat immer noch Schuhgröße 40 bei einer Größe von 1 Meter 55.

Ihre großen Füße habe ich übrigens – wie ihre Hände eben auch – geerbt. Allerdings bin ich etwas größer als Oma. Und ich nehme die großen Füße gerne in Kauf, wenn ich dafür auch im hohen Alter in ihre Fußstapfen treten darf.

Eine innere Betrachtung

Während ich Oma Maria beim Schlafen beobachte, denke ich über die unterschiedlichen Leben meiner Omas nach. Woran liegt es, dass Oma Maria alles immer positiv und lebensbejahend aufnimmt und Oma Mia nach dem Tod meines Großvaters eigentlich schon nicht mehr leben wollte und sich des Öfteren fragt, was sie hier auf dieser Welt noch soll? Meiner Beobachtung nach liegt das vielleicht auch an einer entsprechenden Erziehung und dem freundlichen Blick auf das Leben von frühester Kindheit an.

Oma Mia zum Beispiel wurde streng erzogen. Sie musste schon mit 14 Jahren die Verantwortung für ihre drei jüngeren Geschwister übernehmen, als ihre Mutter an Brustkrebs starb. Da blieb nicht mehr viel Raum für die eigene Kindheit. Sie hat zu früh schon funktionieren müssen und nie hinterfragt, was sie selbst gerne möchte.

Oma Maria dagegen wurde als Freigeist erzogen, mit einer gesunden Portion Egoismus, einer ordentlichen Prise Humor und mit viel Zeit für die eigene Kindheit. »Anja-Spätzchen, weißt du, wenn ich früher nicht in die Schule wollte, ist mein Vater mit mir rausgegangen in die Natur. Er meinte, dass ich eh viel mehr lernen kann, wenn ich selbst meine Erfahrungen mache und die Dinge aus meinem Blickwinkel einschätze. Es gibt eben viele richtige Antworten, nicht immer nur eine. Deswegen bleib immer neugierig.«

Meine Eltern haben uns Kinder zum Glück ebenfalls sehr vorurteilsfrei erzogen, obwohl wir oft »benachteiligt« waren. Wir sind nämlich in einem kleinen bayerischen Dorf im Inntal aufgewachsen. Mama und Papa kommen aber aus NRW und sprechen heute noch mit leicht westfälischem Akzent. In den Achtzigerjahren wurden wir deshalb gern von den Bayern als »Preißensäue« beschimpft, obwohl wir Kinder uns im besten Bairisch ausgedrückt haben. Papa hat dann immer gesagt: »Kinder, macht euch nichts draus! Die sind hier halt noch nicht weit rumgekommen. Wenn die mal die restliche Welt sehen würden, würden sie feststellen, dass es noch viel mehr Säue da draußen gibt und wir gar nicht so was Besonderes sind, dass man uns so hervorheben muss.«

Mehr Gelassenheit für die Dinge schont die Gesundheit. Wenn man sich weniger darum schert, was andere Menschen richtig oder falsch machen, und sich selbst nicht ständig mit anderen vergleicht, findet man auch eher inneren Frieden. Und so hält es eben auch Oma Maria.

Endlich öffnet sie ihre Augen und bemerkt sogleich: »Anja-Spätzchen, du bist da! Das ist aber schön, wenn man aufwacht und gleich in ein so vertrautes Gesicht blickt.«

Anja: »Es gibt schon Abendbrot. Wollen wir mit den anderen essen?«

Oma Maria: »Oh, da hast du mir aber ins Hirn gekuckt. Ich habe richtig Hunger. Was gibt es denn Feines?«

Anja: »Ich glaube, Wiener Würstl.«

Oma Maria: »Aber das magst du doch gar nicht so gern.«

Anja: »Es geht ja auch nicht um mich. Hauptsache, du magst sie gerne!« Nelli springt auf Omas Schoß, damit sie auch begrüßt werden kann.

Oma Maria: »Natürlich! Nelli, du bist ja auch da. Dann komm mal mit. Ich weiß schon, wer noch gerne Wienerle mag.«

Anja: »Da hast du wohl Nelli ins Hirn gekuckt.«

Nachhilfe

Leider sagt einem kaum jemand ehrlich, wenn man Geschichten doppelt erzählt. Wenn Oma Mia früher eine Geschichte wiederholt hat, wurde ich gleich hellhörig.

Anja: »Omma, das hast du mir das letzte Mal schon erzählt!«

Oma Mia: »Dat is aba frech! Dat stimmt nich.«

Anja: »Doch, ich weiß ja, wie die Geschichte ausgeht.«

Oma Mia: »Dann hat se dir jemand anderer erzählt.«

Anja: »Es hat sie doch kein anderer erlebt außer dir.«

Oma Mia: »Mmmhh. Also ich glaube, dat merke ich doch noch.«

Das nächste Mal habe ich es dann anders gemacht. Oma Mia fing nämlich irgendwann an, mir immer wieder zu erzählen, wie sie in einem Lebensmittelgeschäft das Angebot »Drei Marmeladengläser zum Preis von einem!« gesehen hatte. Und wie sie dann zur Kasse gegangen war, um zu fragen, wie viel Rabatt es denn bei zehn Gläsern geben würde. Ich kannte die Pointe ja schon.

Anja: »Und dann hat dich die Kassiererin gefragt, ob du bei einer so großen Vorliebe für Pflaumenmus Verdauungsprobleme hättest. Ich weiß.«

Oma Mia: »Genau! Also dat is doch nich nett von der. – Aber woher weißte dat? Hat Ute dat schon erzählt?«

Anja: »Nein, *du* hast mir die Geschichte schon zweimal erzählt. Und ich dachte: Jetzt beim dritten Mal gebe ich dir Rabatt. Haha.«

Oma Mia: »Oh, dann is wohl doch wat nich in Ordnung bei mir.«

Wenn solche Sätze fallen, sollte man was tun.

Anja: »Hier. Das Kreuzworträtsel könntest du lösen, und ich erzähle dir einen Witz, den musst du mir dann bitte morgen wiedergeben.«

Oma Mia: »Dat kann ich aba nich gut. Also dat Rätsel schon.«

Anja: »Keine Angst, der Witz ist so schlecht, den merkst du dir ganz sicher. – Wie macht eine Blondine Marmelade?«

Oma Mia: »Na, mit Obst?«

Anja: »Nein. Sie schält einen Krapfen. Oder auch Berliner Pfannkuchen genannt.«

Oma Mia lacht, und die Antwort hat sie sich tatsächlich bis zum nächsten Tag gemerkt.

Heute helfen ihr meine schlechten Witze nicht mehr, aber Mama konnte Oma Mias Alzheimer-Demenz trotzdem gut verlangsamen. Sie lässt sie nämlich sehr viele Rätsel lösen, Geschichten von früher erzählen und singt mit ihr. Professionell ausgedrückt würde man jetzt sagen, es handelt sich hierbei um Musik- oder Ergotherapie. Wenn Oma Mia Lieder singt, sind alle möglichen Texte und Erinnerungen, die sie mit diesen Liedern verbindet, wieder da. Dann erzählen sich die Geschichten von früher wie von selbst.

Omas Lieblingslied ist übrigens ›Guter Gott, wir loben dich‹. Das kann sie komplett singen und lässt sich dabei auch von niemandem aus dem Takt bringen. Und ich beobachte, dass sie sich emotionale Ereignisse besonders gut merken kann. Etwas, das sie so sehr berührt, dass es anscheinend im Langzeitgedächtnis abspeichert ist. Wie bei folgender Geschichte:

Mama hat sich ein neues Auto gekauft. Das konnte sie sich erstaunlicherweise merken. Allerdings wohl auch, weil sie dachte, es wäre ihr Auto. Natürlich, mit ihrer Vergangenheit als Tankstellenbesitzerin ist das auch kein Wunder.

Wir sitzen also in Mamas gebrauchtem, aber für Oma »neuem« Opel.

Oma Mia: »Ach, dat is *mein* Auto, oder? Dat sieht ja doll aus.«

Anja: »Nein, Oma! Das gehört Mama. Was möchtest du denn noch mit einem eigenen Auto?«

Oma Mia: »Na, ich brauch doch eins, um rauszufahren!«

Anja: »Aber Ute fährt doch mit dir raus.«

Oma Mia: »Na, die brauch doch keins, wenn ich eins habe.«

Anja: »Aber es ist nicht deins!«

Oma Mia: »Doch! Welches hat sie denn?«

Anja: »Na, das hier – in dem *du* jetzt sitzt!«

Oma Mia: »Dat ist doch meins.«

Anja: »Hast du es gekauft?«

Oma Mia: »Na, sicher!«

Anja: »Wann?«

An dieser Stelle möchte ich betonen, dass ich meine Oma weder ärgern noch bloßstellen möchte. *Ich* weiß ja, wer das Auto gekauft hat, aber ich möchte schon erfahren, wie Oma sich das alles zurechtlegt.

Oma Mia: »Weiß nicht!« Sie überlegt kurz. »Gestern!«

Anja: »*Gestern* bist du allein in ein Autohaus und hast dir ein Auto gekauft?«

Oma Mia: »Nein. Mit Ute!«

Anja: »Und hast du es bezahlt?«

Oma Mia: »Ja, klar. Wer denn sonst?«

Anja: »Na, Mama.«

Oma Mia: »Dat kann schon sein.«

Anja: »Aha. Möchtest du denn jetzt mit deinem Auto fahren?« Oma ist das letzte Mal im Alter von 87 Jahren Auto gefahren.

Oma Mia: »Ich kann doch nich mehr Auto fahren!«

Anja: »Wofür hast du dann ein Auto?«

Oma Mia: »Dat is doch gar nich mein Auto.«

Dass es Mamas Auto ist, hat sie behalten. Vielleicht auch, weil sie sich die Antwort selbst »erarbeitet« hat. Diese Geschichte zeigt auch: Mit viel Zeit und Geduld kann man Oma Mia wieder in die Realität zurückholen. Ihre Fragen nicht immer sofort zu beantworten hilft auch ganz gut.

Oma Mia: »Wann bin ich geboren?«

Anja: »Überleg doch mal. Bist du ein Sommer- oder ein Winterkind?«

Oma Mia: »Sommer!«

Anja: »Und wie alt bist du jetzt?«

Oma Mia: »Schon 100?«

Anja: »Ja, genau. Und wir haben 2018. Also wann bist du dann geboren?«

Oma Mia: »1918? Nee! Ach, am 15.7.1917.« Und sie strahlt, weil sie ja »selbst« drauf gekommen ist.

Lebenscheck

Ich habe aus Neugierde mal eine Checkliste angefertigt, wie man möglicherweise Alzheimer-Demenz vorbeugen kann. Dafür habe ich die zwölf Risikopunkte aufgelistet, die ich recherchiert habe, und meine beiden Omas miteinander verglichen. Wer möchte, kann sich selbst auch mal testen (Spalte ICH). Wer mehr als fünf »NEINs« angekreuzt hat, könnte etwas als Prävention ändern.

	Oma Maria	Oma Mia	Ich
Gute Gene	JA	JEIN	
Vitamin D (Licht)	JA (Leben im Süden)	NEIN	
Wenig Medikamente	JA (ab und zu eine Kopfschmerztablette)	NEIN (früher bis zu 13 Stück)	
Wenig Stress	JA	NEIN (bis 75 ihren Mann gepflegt)	
Starke Persönlichkeit	JA (gesunder Egoismus)	JA (ständige Neugierde)	
Keine Einsamkeit	JA (Freunde und Familie)	JA (Familie und Nachbarn)	
Niedriger Blutdruck	JA	NEIN (Zwei Tabletten am Tag bis 90 Jahre)	
Wenig Alkohol	JEIN (Feiertrinkerin)	JEIN (mal ein Schlückchen)	
Gute Luft	JA (Bayern und Südeuropa)	JEIN (früher nur Ruhrgebiet)	
Normalgewicht	NEIN (bis 95 Jahre Übergewicht)	JA	
Bewegung	JA (hibbeliges Gemüt)	JA (eigener Garten)	
Kein Angstmensch	JA	JA	

Was kann ich daran erkennen? Bei Oma Mia lassen sich viel mehr Risikopunkte aufzählen als bei Oma Maria. Wobei sie durch Mamas Unterstützung sicherlich den Krankheitsprozess verlangsamen konnte. Letztendlich läuft es immer aufs Gleiche hinaus: Ein gutes Immunsystem kann vor vielem schützen. Um dieses aufzubauen oder zu erhalten, muss man sich viel bewegen, ausreichend Sonne tanken und frisch zubereitetes Essen zu sich nehmen.

Im Hier und Jetzt sein

Für wen ist es eigentlich schwieriger, mit Alzheimer zu leben? Für den Erkrankten oder für die Angehörigen? Ich habe mich schon öfter gefragt, ob es für Mama, die alles aushalten muss und letztlich ihr eigenes Leben dafür opfert, schlimmer ist oder für Oma, die ja auch Opfer ist.

Anja: »Oma, weißt du eigentlich, dass du Alzheimer hast?«

Oma Mia: »Nein.«

Anja: »Geht's dir denn gut?«

Oma Mia: »Ja.«

Anja: »Ist dir nicht langweilig?«

Oma Mia: »Nein.«

Anja: »Was vermisst du im Leben?«

Oma Mia: »Nichts.«

Anja: »Was möchtest du noch erleben?«

Oma Mia: »Ich möchte mal wieder nach Bottrop.«

Anja: »Aber dort ist doch niemand mehr, den du kennst.«

Oma Mia: »Ich möchte nach Hause.«

Anja: »Nach Bottrop?«

Oma Mia: »Ja!«

Anja: »Dann fahren wir doch da mal hin.«

Ute: »Ich weiß nich, ob dat so eine gute Idee is, wenn sie dann die Stadt wirklich erlebt? Jetzt lebt sie im Kopf noch in ihrer alten, heilen Welt, in der alle ihre Lieben noch dort wohnen. Dat gibt Hoffnung.«

Anja: »Da hast du auch wieder recht. Vermisst *du* gerade etwas in deinem Leben, Mama?«

Ute: »Ich bin zufrieden. Klar gibt es schwierige, unerfreuliche und anstrengende Tage. Dat is dann weniger schön und auch körperlich teilweise sehr belastend, aber ich kann mich ja wieder erholen. Im Großen und Ganzen is Mammi mein Leben.«

Anja: »Und danach?« Mama überlegt lange und sagt erst mal nichts.

Ute: »Dat weiß ich noch nicht. Noch habe ich genug mit dem Hier und Jetzt zu tun.« Und wie auf Knopfdruck meldet sich ihre Mutter.

Oma Mia: »Ich habe Hunger!«

Anja: »Ich backe gleich was. Was willst du denn für einen Kuchen?«

Oma Mia: »Pflaumenkuchen.«

Anja: »Pflaumen gibt es jetzt noch nicht. Das ist noch nicht die richtige Jahreszeit.«

Oma Mia: »Dann nehm ich nur Kuchen.«

Anja: »Haha. Alles klar. Ich mach 'nen *Rübliku-chen*. Karotten gibt es zu jeder Jahreszeit.«

Oma Mia: »Warum denn Rüblikuchen?«

Anja: »Ich habe ein einfaches Rezept von Oma Maria für den Karottenkuchen gefunden; das wollte ich ausprobieren.«

Zutaten:

6 Eier
250 Gramm Zucker
250 Gramm gemahlene Haselnüsse (kleine Notiz von Oma Maria am Rande: nur 150 Gramm gemahlene Haselnüsse, dafür aber 100 Gramm Mandelblätter verwenden, was ich auch mache)
250 Gramm geriebene Karotten
50 Gramm Mehl
Eine Prise Salz

Zubereitung:

Zuerst trenne ich die Eiweiße vom Eigelb (und ernte viel Lob von Oma, dass ich das so gekonnt ausführe). Dann schlage ich das Eiweiß fest, stelle es in den Kühlschrank und rühre das Eigelb mit dem Zucker und der Prise Salz fünf Minuten cremig. (Oma bekommt jetzt schon große Augen, sagt aber nichts.) Anschließend mixe ich unter die Eigelbmasse die Mandelmischung, die geriebenen Karotten und das Mehl. Am Ende hebe ich das Eiweiß mit einem Teigschaber unter – ganz wichtig, nicht mit dem Mixer, sonst geht der

Kuchen nicht gut auf. Außerdem spart man sich mit der Methode das Backpulver. »So, fertig! Die Masse ist richtig schön geschmeidig geworden!« Nun fülle ich alles flink in eine runde Springform, die mit Backpapier ausgelegt ist. Dann schiebe ich den Kuchen für 60 Minuten bei 175 Grad (Ober-/Unterhitze) auf der zweiten Schiene von unten in den vorgeheizten Backofen. Kleiner Tipp: Damit die Oberfläche nicht zu dunkelbraun wird, den Kuchen nach 30 Minuten bis zum Ende der Backzeit mit Alufolie abdecken.

Oma hat mich beim Backen die ganze Zeit beobachtet und fragt mich dann plötzlich: »Wat is mit Butter?« Ich bin ganz verdutzt, dass sie das bemerkt hat.

Anja: »Omma, das ist eine Art Biskuitteig. Da kommt keine Butter, also überhaupt kein Fett rein.«

Oma Mia: »Schmeckt dat denn?«

Anja: »Kannst du ja gleich probieren.«

Ute: »Ich glaube, wir könnten gemeinsam ein kleines Café eröffnen!« Sie schaut begeistert auf ihr noch warmes Stückchen Rüblikuchen mit – ganz wichtig – einem großen Klacks frisch geschlagener Sahne.

Ein langer Winterschlaf

Es ist schon Mai, aber Oma Maria hält immer noch ihren Winterschlaf. Immer seltener ist sie jetzt wach, wenn ich sie besuche. Oft höre ich dann leider auch, wie sie im Schlaf nach ihrem Vater ruft. Wenn ich sie dann sanft wecke, weiß sie im ersten Augenblick nicht, wo sie ist. Aber wenn sie mich dann erkennt, leuchten ihre Augen, und ihre Kraft kommt zurück.

Oma Maria: »Spätzchen, da bist du ja wieder! Und die kleine Nelli ist auch dabei. Und ist der tolle Käsekuchen für mich?«

Anja: »Möchtest du ein Stück von meinem Geburtstagskuchen?«

Oma Maria: »Wie alt bist du denn jetzt geworden?«

Anja: »Frische und muntere 41. Aber wie geht es dir?«

Oma Maria: »Spätzchen, ich bin so müde und möchte gar nicht mehr wirklich raus aus dem Bett. Und noch einmal so einen kalten Winter erleben möchte ich auch nicht.«

Anja: »Das mit der Kälte ist jetzt erst mal überstanden. Wir haben doch schon bald Juni, und im Juli ist meine Hochzeit. Das könnte dir doch wieder Auftrieb geben.«

Oma Maria: »Oh ja, erzähl mal: Wie weit bist du denn mit deinen Hochzeitsvorbereitungen?«

Anja: »Ach, es ist noch viel zu tun. Wir werden bei uns im Garten feiern. Aber das ist doch aufwendiger als gedacht. Da muss man alles extra ranschaffen. Jeden Stuhl und jeden Teller. Und was man für Wahlmöglichkeiten hat! Und dann könnte es ja auch noch regnen!«

Oma Maria: »Ich habe auch bei uns daheim gefeiert. Im ganz kleinen Kreis. Das war schön. Allerdings im November. Da war es auch sehr kalt.«

Anja: »Uns fehlt noch ein Fotograf, aber das Kleid habe ich schon gefunden.«

Oma Maria: »Hast du ein Foto davon?«

Anja: »Klar!« Ich ziehe mein Handy aus der Tasche und zeige ihr ein kleines Filmchen von der Anprobe.

Oma Maria: »Sehr hübsch siehst du aus. Hast du keinen Schleier?«

Anja: »Nein, nur Blumen im Haar.«

Oma Maria: »Ich bin immer noch erstaunt, was so ein Mobiltelefon alles kann.«

Anja: »Möchtest du noch ein Stückchen Kuchen?«

Oma Maria: »Nein, Spätzchen. Danke dir. Ich schlafe jetzt noch mal ein bisschen. Aber du bleibst bei mir, oder? Du hast so schön warme Hände.«

Und ich halte ihre kühle Hand, bis sie eingeschlafen ist. Ich sitze noch lange an ihrem Bett und muss plötzlich weinen. Papa löst mich ab und nimmt ihre Hand. Sie möchte gehen, das spüre ich.

Ich flüstere Papa zu, dass ich am Wochenende nicht kommen kann, weil ich auf meinem Junggesellinnenabschied bin. Vielleicht gibt ihr der Gedanke an meine Hochzeit noch ein letztes Mal Kraft, denke ich mir.

Junggesellinnen-Abschied

Da ich nicht zu weit weg von Oma Maria entfernt feiern möchte, entführen mich meine Freundinnen ins Allgäu. Nick fliegt mit seinen Jungs zur gleichen Zeit nach Mallorca. Ich freue mich, meine Freundinnen wiederzusehen, und fröhlich beenden wir den Ankunftstag in einer Partyscheune. Den Samstag geht es erst mal zum Wandern mit Einkehr auf einer Almhütte und abends zum Italiener im Dorf. Zwischendurch mache ich einmal kurz Rast auf einer Parkbank. Als ich wieder aufstehe, bemerke ich hinter mir ein großes Kreuz. Komisch, denke ich noch, das ist mir vorher gar nicht aufgefallen. Aber schon geht der Ausflug weiter.

Sonntagmorgen wache ich sehr früh auf, und obwohl die Heizung aufgedreht ist, ist mir eiskalt. Von einem Kater kann aber nicht die Rede sein, denn ich habe gestern Abend wenig getrunken. Ich gehe leise aus dem Zimmer und lasse eine meiner Freundinnen, mit der ich das Zimmer teile, weiterschlafen. Ich setze mich in den Garten, denke über das Leben nach. So richtig warm wird mir trotz der schönen Morgensonne nicht, und ich gehe wieder rein, um mir mein Handy und eine Jacke zu holen.

Ein Anruf in Abwesenheit vom Heim. Manches ahnt man schon, bevor man es erfährt. Ich rufe zurück und erfahre, dass Oma Maria die letzte Nacht für immer eingeschlafen ist.

Sie können meinen Vater nicht erreichen und fragen mich, ob ich ihm Bescheid geben könnte.

»Selbstverständlich«, meine ich noch zur Heimleiterin – mehr kann ich nicht mehr sagen. Der Kloß im Hals ist zu groß, und mir kommen schon die Tränen. Aber wie soll ich denn meinem Papa sagen, dass seine Mutter gestorben ist?

Ich brauche einen Augenblick. Dann rufe ich ihn

an. Sprechen kann ich in dem Augenblick nicht, ich schluchze nur, und Papa versteht sofort.

»Anja-Mäuslein, das ist gut so, denn es war doch so kein Leben mehr, nur noch ein Liegen.«

Aber egal, wie alt man ist: Schmerz ist zeitlos.

Nach und nach kommen meine Freundinnen an den Frühstückstisch, und ich erzähle, was passiert ist. Es ist, als will Oma jeder einzeln noch mal »Tschüss« sagen, denn jede meiner Freundinnen erzählt mir plötzlich ihre persönliche Lieblingsgeschichte mit Oma Maria. Ich war glücklicherweise von sehr viel Trost umgeben, und »mein Abschiedstag« wurde auch Omas.

Es fällt mir nicht leicht, das niederzuschreiben. Ich wäre gerne bei ihr gewesen und hätte Omas immer kalte, schlanke Händchen gehalten. Aber ich weiß auch: Dann hätte sie nicht gehen können. Bei jedem Besuch habe ich ihr immer wieder Lebenskraft gegeben, und sie konnte nicht wirklich zur Ruhe kommen. Man muss loslassen können, damit es weitergehen kann.

Der Satz »Man lebt nur einmal!« stimmt für mich nicht. Ich glaube eher: »Man lebt jeden Tag neu. Man stirbt nur einmal.«

Facebook-Nachruf vom 7. Juni 2018

Vor knapp einem Jahr haben Oma Maria und ich diese Facebook-Seite erstellt, ohne zu wissen, welch unglaubliche Resonanz das bewirkt. Wie viele tolle

Augenblicke, Komplimente, wie viel Freude, Liebe und positive Energie wir von Ihnen bekommen haben, ist unbeschreiblich. Dafür möchte ich mich auch im Namen von Oma nochmals von Herzen bedanken und zitiere gerne noch mal aus unserem Buch:

1992.

Jochen: »Los, Kinder, wir fahren zur Oma Kaffee trinken!«

Anja: »Ach nö, nicht schon wieder!«

Jochen: »Das diskutiere ich nicht. Wir fahren.«

Anja: »Aber Papa, biiiiitte! Ich muss noch so viele Hausaufgaben machen. Dann wollte ich zu Steffi, und der neue ›Indiana Jones‹ läuft auch im Kino!«

Jochen: »Das kannst du alles danach noch machen. Erst fahren wir! Wer weiß, wie lange Oma noch lebt!«

Das war damals, 1992! Da hatte meine allein lebende Oma Maria noch ein typisches Oma-Alter von 83 Jahren, und das Argument, sie könnte bald sterben, zog noch. Aber nach weiteren Jahren nahm niemand mehr diese Prophezeiungen richtig ernst. Oma fuhr zu dieser Zeit nämlich immer noch jeden Winter für drei Monate nach Spanien und kam wie das blühende Leben zurück.

Im Alter von 88 Jahren zog ich dann bei ihr ein, um in Ruhe auf mein Abi lernen zu können. Wurde nebenbei von Kopf bis Fuß verwöhnt, auch wenn ich das mit nächtelangem, nicht enden wollendem Rummikub-Spielen ausgleichen musste.

Als sie 90 wurde, überlegten wir, ob wir ihre Mietwohnung nicht kaufen sollten, doch sie meinte: »Ach, für die paar Jährchen lohnt sich das nicht mehr!«

Wir hätten es einfach machen sollen.

Mit 96 beschlossen wir, statt immer nach Spanien doch mal nach Thailand zu fliegen. Aber sie meinte: »Lieber doch nicht. Machen wir noch ein letztes Mal Spanien!«

Wir fahren bis heute dorthin …

Wer unser Buch gelesen hat, kennt diesen Text natürlich. Jetzt folgt leider der für mich schwerste Satz, den ich jemals schreiben musste:

»Am sonnigen Sonntag ist Oma Maria (108 + ½ Jahre) in Ruhe und glücklich für immer eingeschlafen. Sie hat am Vorabend noch einen Pudding gegessen und sich bis zum Schluss ihr Leben versüßt: ›Anja-Spätzchen‹, hat sie noch zu mir gesagt, ›ich kuck schon von oben herab, was du so machst!‹ Und das glaube ich ihr aufs Wort.

Ihre Neugier, ihre intensive Beteiligung am Leben, ihre Fröhlichkeit, ihr Schalk im Nacken und ihre flotten Sprüche werden uns fehlen. Was bleibt, sind all die lustigen und auch lehrreichen Erfahrungen mit ihr, ihr Lachen, ihr ›Anja-Spätzchen‹ und unser gemeinsames Buch. Das bleibt für immer.

Und an alle soll ich von Oma Maria ausrichten: ›Bleiben Sie neugierig und – so gut es geht – in Bewegung!‹

Ich mache es jetzt wie Oma Maria: ›Immer weitergehen, nicht stehen bleiben!‹ Und Oma Maria geht mit mir an meiner Seite und in meinem Herzen.
Ihre/Eure Anja

Blumenwiese

In Oma Marias Familie sind anonyme Beerdigungen Tradition. Ihre Mutter wurde auch so beerdigt. Ihr Mann ist im Krieg anonym begraben worden, und Oma Maria wollte auch immer auf einer Blumenwiese beerdigt werden.

Oma Maria: »Ich möchte bitte keinen dicken Stein über mir haben. Irgendetwas, das immer wächst, wäre toll. Vielleicht pflanzt ihr mich unter einen Baum.«

Anja: »Das passt zu dir, Oma. Auch nach deinem Tod leben und als Blümchen in Bewegung bleiben.«

Und tatsächlich wurde Oma Maria im kleinen Kreis auf einer Blumenwiese in einem Nachbarort von Rosenheim in einer kleinen, biologisch abbaubaren Urne beerdigt. Man könnte dort auch einen Baum auswählen, an dem man dann ein Schild mit dem Namen des Verstorbenen anbrächte. Aber Papa hat mir erzählt, sie wollte kein Schild am Baum, denn sie wollte nicht irgendwo festwachsen.

»Jochen, das Schönste für mich wäre, wenn ich als Blümchen wiederkommen würde. Gerne als Löwenzahn. Der ist so zäh wie ich. Und als verwandelte Pusteblume, mit ihren kleinen, zarten Fallschirmchen, verstreue ich mich dann auf der ganzen Welt.«

Eigentlich müsste ich Oma Maria einen Kräutergarten widmen, denn Kräuter begleiteten sie jeden Tag. Entweder in einer Salatsoße oder in ihren Hauptgerichten. Sie hat – egal, welcher Mahlzeit – immer Kräuter beigemischt. Im Sommer frisch, im Winter tiefgefroren, denn sie glaubte an deren gesunde Wirkung. Ich krame ihr altes Kochbuch mit ihren Rezepten hervor, und da steht es schon:

Salatsoße à la Maria:

Zutaten:

2 Esslöffel Olivenöl
½ Knoblauchzehe gepresst
1 Prise Majoran
1 Prise Thymian
1 Prise Oregano
Evtl. eine Prise Rosmarin
Ein Hauch Chili
1 Schuss Süßstoff
1 Esslöffel Himbeeressig
Salz

Zubereitung:

Pressen Sie eine halbe Knoblauchzehe in ordentlich viel Olivenöl – das ist besonders gesund für die Blutfette und wirkt blutdrucksenkend. Dann kommt eine Prise Majoran dazu. Der lindert Krämpfe und Blähungen und wirkt verdauungsfördernd. Aus diesem Grund werden vor allem schwere, fettige Speisen damit gewürzt. Eine Prise Thymian – wirkt antibakteriell. Etwas Oregano – ist durchblutungsfördernd. Wer will, kann noch eine Prise Rosmarin hinzufügen –

weil das Gericht lecker duftet. Aber Vorsicht: Der Geschmack ist bei kleinen Mengen schon sehr intensiv. Hinzu kommt auch ein Hauch Chili. »Das Leben braucht Schärfe!«, sagte Oma Maria als Begründung. Und zu guter Letzt einen Schuss Süßstoff für die Süße. Abgerundet mit einem guten Esslöffel Himbeeressig. Mit Salz nach Geschmack würzen. Keinen Pfeffer verwenden, da er sonst die Kräuter dominiert. Dann alles gut verrühren. Die Soße kommt am besten an einen grünen Blattsalat. Ohne weitere Zutaten.

Ich könnte mich in diesen Salat reinlegen. Aber Vorsicht beim Küssen! Der frisch gepresste Knoblauch hat es in sich.

Der Rosenkavalier

Weil ich nicht so oft zur Blumenwiese fahren kann, pflanze ich Oma Maria eine gelbe Rose in unseren Garten, damit sie weiter strahlen und bei mir blühen kann. Diese Rose habe ich »Miez« getauft. Warum? Weil Oma Maria mir mal folgende Geschichte erzählt hat.

»Ich weiß noch, dass mein Opa Rosen gezüchtet hat, die von allen Dorfbewohnern bewundert wurden. Als ich eines Tages – ich war so acht oder neun Jahre alt – zu Besuch kam, meinte er: ›Miez, komm her, das ist eine Sorte, die hab ich nur für dich gezüchtet!‹

Die gelben Rosen dufteten herrlich, und ich war ganz gerührt von seiner Geste. Anschließend musste ich dann – wie bei jedem Besuch – frische Kuhmilch trinken. Uuuuh, das war nicht so lecker. Aber Großmutter meinte immer: ›Miez, du bist so ein kleiner, schmaler und schmächtiger Spatz. Dir tut die Kuhmilch sicher gut.‹

Großmutter mochte ich schon sehr, deshalb wollte ich sie nicht enttäuschen. In der einen Hand die Rose vom Opa und in der anderen die Milch von der Oma. Das machte mich sehr glücklich, und ich fühlte mich reichlich beschenkt.«

Ich erfreue mich sehr an der gelben Rosenblüte, die ich sogar aus dem Küchenfenster betrachten kann. Oma Maria ist so noch ein bisschen näher bei mir. Wenn ich morgens Nelli in den Garten lasse, sehe ich gleichzeitig die Rose, ob Sommer oder Winter, und spreche mit ihr. Ich spreche mit Oma – quasi durch die Blume.

Mein Leben geht weiter mit und ohne Oma

Die NDR-Talkshow *Tietjen und Bommes* hatte Oma Maria und mich ja vor geraumer Zeit eingeladen, unser Buch bei ihnen vorzustellen. Die Sendung soll Anfang Juni stattfinden. Eine Woche nach Omas Tod. Aber für mich ist Oma noch so lebendig wie eh und je. Vor Monaten haben Oma und ich schon darüber gesprochen, was wäre, wenn …

Anja: »Oma, wollen wir wirklich zusammen ins Fernsehen?«

Oma Maria: »Klar, da machen wir uns einen Spaß draus!«

Anja: »Ich weiß nicht, ob wir uns das trauen sollen! Und was ist, wenn du doch nicht mitmachen kannst?«

Oma Maria: »Dann machst du das allein!«

Anja: »Ich weiß ja nicht …«

Oma Maria: »Ach, Spätzchen! Du kannst mit jeder Erfahrung nur gewinnen!«

Und mit diesem Satz im Herzen fahre ich tatsächlich allein zur Talkshow nach Hannover und gebe mein Bestes, um Oma Maria zu vertreten. Man soll zwei Stunden vor der Aufzeichnung im Sender erscheinen. Im Hotel werde ich zusammen mit der Schauspielerin Elena Uhlig abgeholt, die über ihr neuestes Buch spricht und ihr Baby mit auf »Reisen« hat. Das ist voll süß. Ich wusste erst gar nicht, was ich sagen soll, aber sie hat mir mit ihrer natürlichen und beschwingten Art geholfen, auf der Fahrt zum Sender lockerer zu werden.

Als Nächstes darf ich in die Maske. Das ist schon was Besonderes, wenn man die Haare gemacht bekommt und geschminkt wird. Neben mir wird Christine Neubauer noch hübscher zurechtgemacht. Es scheint mir alles unwirklich zu sein. Weil ich einen Rock anhabe, fragt mich die Maskenbildnerin, ob sie mir auch die Beine massieren und mit Bräunungscreme einschmieren soll. Das lehne ich allerdings dankend ab, denn das ist mir dann doch etwas zu crazy.

104

Ich könnte mich allerdings an den Service gewöhnen, wenn da nicht dieses »Vor-Publikum-Auftreten« folgen würde.

Dann geht es weiter in einen Aufenthaltsraum mit Kaffee, Kuchen, kleinen Schnittchen – und »großen Schnittchen« wie dem Schauspieler Jan Sosniok. Als großer Fan von »Berlin, Berlin« kommt für mich die Begegnung zwar 15 Jahre zu spät, aber besser als nie. Außer einem freundlichen »Hallo« kann ich kein Wort rausbringen, geschweige denn von den Speisen kosten. Zum Glück unterhält sich Herr Sosniok so freundlich und natürlich mit mir, dass ich meine Aufregung etwas vergesse und ihn frage, ob er gar nicht nervös sei. (Ich habe nämlich immer noch weiche Knie und gehe alle 15 Minuten zur Toilette.) Endlich kommt Frau Tietjen um die Ecke und begrüßt mich freudestrahlend. Ich fühle mich gleich besser durch ihre herzliche Art und freue mich sehr, als ich höre, dass ich gleich die Zweite in der Runde sein werde und nicht bis zum Ende des Abends warten muss, bis ich interviewt werde. Als dann noch 5 Minuten später der Moderator Jörg Pilawa auftaucht, der auch als Gast zur Sendung eingeladen ist, glaube ich langsam wirklich daran, dass ich *im* Fernsehen bin und nicht nur *davor* sitze.

Jetzt geht es los.

Alle geladenen Gäste gehen in einen großen Saal, mit ausgebuchtem Publikumsplätzen, grellen Scheinwerferlichtern und vielen Kameras. Es ist sehr warm. Ich darf zum Glück direkt neben Frau Tietjen sitzen.

Die Runde beginnt, und in die Kamera lächeln kann ich noch ganz gut. Nach 15 Minuten richtet Frau Tietjen das Wort an mich, und es fühlt sich so an, als spreche ich mit einer guten Bekannten. Ich gebe vergnügt Omas und meine Geschichten zum Besten und werde nur einmal kurz von dem Bestsellerautor Wladimir Kaminer unterbrochen, der darauf hinweist, dass es heutzutage doch gar nichts Besonderes mehr sei, über 100 zu werden. Das vielleicht nicht, denke ich mir, aber wer trifft mit 106 schon den FC-Bayern-Star Manuel Neuer und veröffentlicht mit 107 – fast 108 – noch sein eigenes Buch? Leider bleibt es nur bei dem Gedanken, und vor lauter fröhlichem Geschichten-Erzählen meinerseits vergesse ich doch tatsächlich, unser gemeinsames Buch zu erwähnen.

Ja, ich »Vollprofi«! Aber zum Glück holt mich Frau Tietjen elegant aus der Misere und beendet meinen Auftritt mit dem freundlichen Hinweis auf unser Buch, in dem es noch mehr Geschichten nachzulesen gebe. Danach kann ich mich weitere 60 Minuten zurücklehnen und den anderen zuhören. Ich denke darüber nach, wie großartig es wäre, wenn Oma Maria auch hier wäre. Sie hätte ihre wahre Freude. Hat sie »von oben« aber sicherlich auch. Und hier hätte sie sicherlich auch keine kalten Hände mehr, denn solche Scheinwerfer heizen einen ganz schön auf.

Nach der Sendung unterhalte ich mich noch ein bisschen mit den anderen Gästen. Danach geht's wieder ins Hotel zurück. Es ist ein lauer Sommerabend, deswegen schlendere ich noch ein bisschen durch die Innenstadt von Hannover. Die Sendung wird jetzt ausgestrahlt, aber ich bin zu geschafft, um mir das anzusehen. Außerdem brauche ich erst mal wieder festen

Boden unter den Füßen, um das Adrenalin abzubauen. Die Wiederholung läuft zum Glück ein paar Tage später im Fernsehen.

Am nächsten Morgen gratulieren mir Mama und Papa zu dem souveränen Auftritt. Ich weiß, Oma Maria wäre stolz auf mich, und ich bin es tatsächlich auch ein bisschen. Das habe ich nur Oma zu verdanken, denn ohne sie wäre ich nicht so mutig gewesen. Früher war ich sehr nervös, wenn ich vor vielen Personen sprechen musste, aber seit diesem Auftritt bin ich in der Öffentlichkeit gelassener geworden. Wenn man einmal hinter die Kulissen blickt, sieht man, dass das auch alles nur Menschen sind wie du und ich.

Wer jung denkt, kann alt werden

Anja: »Oma, du wirst heute 101 Jahre alt! Herzlichen Glückwunsch!«

Oma Mia: »Nein, so alt? So alt wird doch kein Mensch!«

Anja: »Was glaubst *du* denn, wie alt du bist?«

Oma Mia: »Weiß nicht. 90 oder so?«

Anja: »Das ist super! Das lass ich mal so stehen. Dann kann ich dir voraussagen, dass du noch mindestens elf Jahre leben wirst!«

Oma Mia: »Gut – aber ich hab jetzt Hunger!«

Anja: »Du hast doch gerade was gegessen!«

Oma Mia: »Weiß ich gar nicht mehr. Hab aber immer noch Hunger!«

Anja: »Das verstehe ich, Omma, aber es dauert ja auch immer einen Moment, bis sich das Sättigungsgefühl einstellt.«

Oma Mia: »Gut, dann können wir ja bis dahin noch was essen.«

Freitag, der 13te!

Ein guter Tag, um zu heiraten. Das große Fest bei uns zu Hause im Garten wird am morgigen Samstag stattfinden.

Ich behalte im Übrigen meinen Familiennamen. Nachdem Oma Maria nicht mehr da ist, letztes Jahr schon Papas Bruder verstorben ist und mein älterer Bruder den Namen seiner Frau angenommen hat, wird die Familie Fritzsche nämlich immer kleiner. Auf einmal hat es sich komisch angefüllt, jetzt auch noch »auszusteigen« und den Namen meines Mannes anzunehmen.

Anja: »Also, Nick, wenn du willst, kannst du gerne meinen Namen annehmen. Du hättest jetzt die einmalige Chance, so zu heißen wie eine ›berühmte‹ Schriftstellerin! Hihi!«

Nick: »Mir gefällt aber der Name Nick sehr gut. Mit Anja hätte ich dann doch ein Problem.«

Es ist wirklich traurig, dass Oma Maria unsere Hochzeit nicht mehr miterleben kann. Die beste Aussicht und den bequemsten Platz hat sie aber sowieso auf einer Wolke im Himmel.

Während ich im Schlafzimmer hübsch gemacht werde, fängt es an zu regen. So war das nicht vereinbart, Oma, denke ich mir. Ich sitze zwar noch im Trocknen mit einem guten Blick auf den Garten und das Zelt, das wir nahe am Waldrand aufgebaut haben, aber ich sehe auch die ersten Gäste, die vor dem Regen Schutz suchen. Nick, Papa und Nelli springen währenddessen durch den Regen, um das Nötigste in Sicherheit zu bringen. Es ist lustig, die drei dabei zu beobachten, und ärgerlich zugleich. So ein Mist. Ich dachte, ich hätte einen direkten Draht nach oben, zu Oma, aber so ganz stimmt das wohl nicht.

Die ersten Gäste laufen ins Haus, und ich verliere die Übersicht, wer wo ist. Oma Mia schläft noch in der Obhut einer Pflegerin im Nachbardorf. Natürlich sollte sie dabei sein, aber sie war heute Morgen zu schwach, um aufzustehen. Vielleicht ist sie ja am Abend wieder bei Kräften. Und so hat Mama mal die Möglichkeit, sich etwas zurückzulehnen, um den Tag zu genießen. Aber was sehe ich da, als ich kurz ins Bad laufe? Mama wischt mit dem Wischmopp die Fußböden aller Räume, weil diese nass von den reinlaufenden Gästen geworden ist. Nach dem Schminken hilft mir meine Freundin ins Kleid. Doch durch all den Stress habe ich abgenommen, weshalb das Kleid nun nicht mehr richtig sitzt. Lustigerweise fällt mir dazu ein Satz ein, den ich bei meiner ersten Brautkleid-Anprobe zu Oma Mia gesagt habe: »Ich wünsche mir ein großes Kleid!« Der Wunsch wurde genau so erfüllt, deshalb sollte man vorsichtig mit der Formulierung seiner Wünsche sein. Ich hätte mir besser ein prächtiges beziehungsweise passendes Kleid wünschen sollen.

Ich schaue mich im Spiegel an und bin etwas traurig, dass beide Omas nicht dabei sein können. Aber Zeit zum Trübsalblasen bleibt nicht. »Wo sind die Rosenblätter für den Einzug?«, ruft eine meiner Freundinnen, die meine »Blumenmädchen« sind, aus dem Wohnzimmer.

»Ich habe letzte Woche extra einen Rosenstrauß gekauft und ihn in der Küche trocknen lassen. Er müsste dort noch auf dem Tisch stehen!«, rufe ich ihr zu.

»Oh, *der* … Der sah so vertrocknet aus … den habe ich gestern auf den Misthaufen geschmissen!«, erwidert sie kleinlaut.

»Na, dann wissen wir wenigstens, wo die Rosenblätter *jetzt* sind … Dann nehmt euch frische aus dem Garten, aber bitte *nicht* die gelben Rosen!«, antworte ich etwas gestresst.

Was Oma Maria jetzt wohl gesagt hätte? Wahrscheinlich: »Spätzchen, das ist alles nicht so schlimm. Das Wichtigste ist, dass das Gefühl zwischen dir und Nick stimmt.«

Die Sonne zeigt sich zum Glück wieder am Himmel, die Gäste nehmen Platz, und die Blumenmädchen stellen sich auf. Als die Musik erklingt, läuft Nick nun als Erster zwischen den Reihen entlang, nach vorne zu unserer Schaukel. Wir haben sie mit Luftballons geschmückt, sodass sie wie ein großes buntes Blumenportal aussieht, unter dem die freie Zeremonie stattfindet. Die Blumenmädchen verstreuen die Rosenblätter auf der Wiese, während alle auf mich warten. Eigentlich sollte man als Braut elegant und sicher mit der langen Schleppe über den Rasen schreiten, aber den Weg zwischen den Stuhlreihen durch feuchtes Gras mit hohen Absätzen zu gehen ist gar nicht so leicht. Auch wenn Papa sehr gerührt an meiner Linken geht und mir Halt gibt, muss ich mein Kleid immer wieder mit der rechten Hand hochraffen – und wundere mich, wieso ich überhaupt eine Hand frei habe. Das war bei der Generalprobe irgendwie anders.

Genau! ... wo ist der Brautstrauß? – Mist! Ich habe ihn im Haus auf dem Tisch liegen gelassen.

Die Zeremonie beginnt, und die Ringe für das Jawort darf Nelli bringen. Wir haben das lange geübt: wie sie mit einem Körbchen im Maul durch die Reihen zu uns kommt, aber da waren die Stühle noch unbesetzt, und es lockten keine Gerüche von links und rechts. Deswegen klappt es heute leider nicht, und mein kleiner Bruder Felix muss einspringen. Nelli setzt sich trotzdem an meine Seite und erwartet ein Leckerli. Das muss warten, denn jetzt gibt es gleich drei Küsse von meinem *Ehemann*. Und – wieder Regen. Alle laufen in die Zelte oder unter die Terrassen-Markise, wo wir uns trotzdem gut gelaunt die Zeit mit der jazzigen Lifeband vertreiben, bis der Regen wieder aufhört. Musik macht immer gute Laune, nur leider ist es mir hier am Waldrand durch den Regen einfach zu kalt geworden, und ich hole mir eine Jacke. Komisch, irgendwie kratzt die am Rücken. Die Schönheit des Kleides ist auch etwas verdeckt, aber Hauptsache, mir ist wieder warm.

Dann beginnt der Festschmaus. Noch läuft alles nach Plan, aber pünktlich zur Hauptspeise fällt plötzlich der Strom aus. Den braucht aber das Catering, das im Zelt für uns kocht. Auch wenn das Problem – ein herausgerutschtes Stromkabel – schnell gelöst ist, verzögert sich dadurch leider das Servieren des Hauptgangs und damit auch der Nachspeise. Aber mit ein paar Ansprachen überbrücken wir geschickt die Wartezeit. Um 23 Uhr ist es dann endlich so weit: Wir eröffnen den weiteren Programmpunkt des Abends mit dem Brauttanz. Geübt haben wir nicht wirklich, aber romantisch ist es trotzdem. Und die Nachspeise wird dann auch endlich serviert. Nur kommt leider kurz drauf auch schon die überdimensionale Hochzeitstorte mit Limetten-Mascarpone-Geschmack. Deswegen bleibt sie fast unberührt. Sehr zur großen Freude von Oma Mia, weil wir sie noch lange jeden Tag genießen können.

Das Fest geht bis tief in die Nacht. Nelli weicht die ganze Zeit nicht von meiner Seite. Sobald ich sitze, kuschelt sie sich unbemerkt in meiner Schleppe ein, wodurch ich beim Aufstehen auf den Stuhl zurückgerissen werde. Aber als Braut und Bräutigam kommt man glücklicherweise nicht oft zum Sitzen, und am Ende fallen wir nur noch erschöpft, aber glücklich ins Bett.

Am nächsten Morgen wache ich nach einer unruhigen Nacht völlig gerädert auf. Das Jucken am Rücken ist fast unerträglich geworden. Ich geh kurz ins Bad, um meine Rückseite im Spiegel zu betrachten, und komme zerknirscht zu Nick zurück ins Bett.

Anja: »Also, Rosen spielen anscheinend eine besondere Rolle bei uns in der Familie ...«
Nick: »Was meinst du damit?«
Anja: »Oma Marias gelbe Rose blüht in unserem Garten, Oma Mia hatte einen eigenen Rosengarten in Bottrop, und nun habe auch ich eine ...« Nick schaut mich fragend an. Anja: »Es war nicht das Innenfutter der Jacke, das mich gestern Abend ständig am Rücken kratzte, sondern eine ›wunderschöne‹ *Gürtelrose!*«

Der Stress der Hochzeit und Omas Tod haben mich wohl doch mehr mitgenommen, als ich mir eingestehen wollte ...

Eis, Eis, Baby!

Es wird Herbst, und ich sitze mit Oma Mia in unserem Garten. Ich zeige ihr wieder einmal die Fotos von der Hochzeit.

Oma Mia: »Wo ist denn Maria?«
Anja: »Oma ist doch nicht mehr da.«
Oma Mia: »Ach, dat weiß ich gar nich! Dat ist aber traurig. Wat mach ich denn dann ohne sie?«

113

Anja: »Weiter dein Leben genießen.« Mir fällt ein, dass wir noch jede Menge Eiscreme von der letzten Feier überhaben. »Omma, möchtest du noch ein Eis?« Oma Mias Augen werden groß und leuchten. Während sie es genießt, verteilt sie alles in ihrem Gesicht. Dann lutscht sie noch an der Waffel, weil sie diese ohne Zähne schlecht beißen kann.

Anja: »Omma, willst du nicht doch lieber wieder dein Gebiss tragen? Ich kann es dir schnell aus dem Bad holen.«

Oma Mia: »Nee, die Zähne bekommen dann ja nur Karies!«

Jochen – allein zu Haus

Anja: »Papa, wie geht's dir jetzt eigentlich ohne Oma Maria?«

Jochen: »Schon komisch, so nach 76 Jahren wieder allein zu wohnen. Wobei? Als Mutter im Heim war, lebte ich ja auch schon mehr oder weniger ›alleine‹. Ein sehr plötzlicher Tod meiner Mutter hätte es mir sicherlich schwerer gemacht.«

Anja: »Ja, finde ich auch. Und wie schaut's bei dir mit der Liebe aus?«

Jochen: »Du meinst, weil ich nie im Lotto gewinne?«

Anja: »Ach du meinst: Pech im Spiel, Glück in der Liebe? Haha! Nein, weil du es dein Leben lang gewohnt warst, mit jemandem zusammenzuwohnen.«

Jochen: »Mit Muttern war ich schon sehr gebunden. Ich glaube, ich brauche jetzt erst einmal keine Partnerin.«

Anja: »Oma war ja auch fast strenger als eine Ehefrau.«

Jochen: »Klar, die brauchte mich ja auch dringender und musste gut auf ihre Lebensversicherung aufpassen.«

Anja: »Dann passe ich jetzt auf dich auf.«

Jochen: »Nee, nee, Oma passt schon von oben auf. Und außerdem, Mäuslein, weißt du, eine Partnerschaft ist wie ein Minenfeld, gespickt mit Missverständnissen. Es ist auch mal schön, sich einfach nur entspannt zurückzulehnen. Wie sagt eine gute Freundin von mir: ›Ambulant gerne, aber stationär nicht mehr.‹«

Warmer Winter

Weil im Winter das milde Klima Spaniens schon eines der Altersgeheimnisse von Oma Maria war, macht Oma Mia das nur zu gerne nach. Natürlich kann sie das nicht allein. Omas Sohn René, also mein Onkel, hat deshalb für sechs Wochen ein Appartement auf Gran Canaria gemietet, in dem sich Oma Mia und ihre Tochter selbst versorgen können. Weil das aber dann auch keine richtige Erholung für Mama wäre, stellt sich Papa als Begleitung noch zur Verfügung und fliegt mit. Meine Eltern sind zwar schon lange getrennt, aber mit den Omas haben sie sich immer gegenseitig etwas geholfen. Abgesehen davon tun Sonne, Gesellschaft und frische Meeresluft auch Papa gut. Also packe ich die Seniorentruppe, einen Rollstuhl, einen Gehwagen, unzählige Koffer, ein Extrapaket Windeln und Nelli ins Auto, und wir fahren alle Richtung Flughafen München. Natürlich kommen wir in den Stau und schaffen es nur in letzter Minute bis zum Abflug.

Oma Mia: »Wo sind wir denn hier?«

Anja: »Am Flughafen!«

Oma Mia: »Ach! Und wat machen wir hier?«

Anja: »Ihr drei fliegt nach Spanien!«

Oma Mia: »Heute?«

Anja: »Ja! Jetzt gleich!« Oma Mia kuckt ganz verdutzt.

Anja: »Wäre es dir morgen lieber?«

Oma Mia: »Nein, lieber heute, weil dann sind wir morgen schon da!«

Ich habe der lustigen Truppe versprochen, im neuen Jahr nachzufliegen. Denn dann kann ich meine Eltern etwas entlasten und beim Packen und Rückflug behilflich sein. Abgesehen davon, dass auch ich natürlich nichts gegen ein paar warme Sonnentage im Winter habe.

Facebook-Post zu Omas 109. Geburtstag

+++ Heute vor 109 Jahren, also am 19.12.1909, wurde Oma Maria in Essen geboren. Deswegen schauen Nick und ich – mit Oma Maria im Herzen – alte Fotos an und holen eine Flasche Sekt aus dem Kühlschrank, um auf ihren Geburtstag anzustoßen.

Ich bin traurig, aber zugleich dankbar für die gemeinsame Zeit. Natürlich vermisse ich Oma Maria sehr, aber sie ist mir immer noch sehr nah. Während wir unsere Gläser heben, proste ich ihr zu.

»Oma, auf deinen 109. Geburtstag trinken wir ein Schlückchen!« Sie hätte sicherlich geantwortet: »Anja-Spätzchen, bitte noch ein Schlückchen, denn auf einem Bein kann man ja nicht richtig stehen!« +++

Stille Nacht

Weihnachten verbringe ich mit Nick das erste Mal bei seiner Familie. Das ist ungewohnt, so ganz ohne die Omas, meine Eltern und meine restliche Familie. Denn keiner will ständig etwas von mir. Stattdessen habe ich so viel freie Zeit, dass ich extra viele Weihnachtsplätzchen backen kann. Natürlich backe ich Oma Marias Lieblings-»Plätzchen«: *Mandelsplitter.* Solange ich denken kann, hat sie sie in einer Porzellanschüssel mit Deckel auf dem Küchenschrank aufbewahrt. Als ich klein war, kam ich dort nicht ran und musste mir deshalb immer einen Stuhl holen. Das fiel natürlich auf.

Bis in den Mai hinein hatte sie einen unendlichen Vorrat »angelegt«, der scheinbar nie aufgebraucht wurde. Als Papa bei ihr eingezogen ist, hielt dieser allerdings nicht mehr bis Mai, sondern höchstens noch bis Anfang Februar.

Die *Mandelsplitter* sind auch schnell und einfach gemacht:

Zutaten

250 Gramm Zartbitterschokolade
125 Gramm Vollmilchschokolade
300 Gramm Mandelsplitter
Wenige Tropfen Mandelöl
1 Handvoll Cornflakes

Zubereitung

Beide Schokoladensorten über dem Wasserbad schmelzen und gut verrühren. Vorsicht: Es darf kein Wasser oder Wasserdampf in die Schüssel, also an die Schokoflüssigkeit kommen, sonst wird sie schnell fest, bröckelig und damit unbrauchbar. Aber: von der flüssigen Schokolade naschen, ob sie gut verrührt wurde. Vorsicht: heiß!
Mandelsplitter, Mandelöl und Cornflakes unterheben und gut vermischen. Mit einem Teelöffel kleine Häufchen auf ein Backpapier formen und kühl stellen. Am besten draußen an der kalten, frischen Winterluft.

Nach alter Tradition backe ich grundsätzlich die doppelte Menge. Zusätzlich gibt es für Mama Dominosteine, für Papa Kokosmakronen und für Nick Linzer Törtchen – nach dem Rezept seiner Großmutter.

Oma Mia isst jedes Plätzchen gerne, wünscht sich aber zusätzlich noch Butterplätzchen. Und ich esse am liebsten Zimtsterne. So haben wir dieses Jahr eine schöne, große Auswahl. Hoffentlich bleibt bis zu meinem Abflug noch was davon übrig. Dieses Mal habe ich auch freie Bahn im Naschen. Sonst musste ich auch immer aufpassen, dass noch was von den Plätzchen für mich übrig bleibt.

Die weiteren Feiertage ist es immer noch ungewohnt still und ruhig ohne sie. An Silvester rufe ich sie schließlich mal wieder an.

Anja: »Na, wie geht es euch auf der Insel?«

Jochen: »Hervorragend. Die Nächte sind kurz, die Tage lang.«

Anja: »Wie meinst du das? Macht ihr etwa Party?«

Jochen: »Nein, Oma Mia muss mindestens dreimal in der Nacht raus zur Toilette. Und tagsüber schläft sie lang.«

Anja: »Fehlt euch die Heimat?«

Ute: »Nein, höchstens du. Ach, könntest du bitte ein paar Windeln mitbringen, wenn du kommst?«

Anja: »Wieso? Gibt es dort keine?«

Ute: »Doch, aber die passen Oma nicht.«

Anja: »Okay. – Braucht ihr sonst noch etwas?«

Jochen: »Ein paar Plätzchen.«

Anja: »Die sind alle schon weg.«

Ute: »Ach, dat is aber schade. Hier gab's nämlich nur so trockene.«

Anja: »Hauptsache, es bleibt *trocken*, wenn ich bald zu euch komme, denn hier regnet es.«

JAHR 2019
Oma Maria (109) und Oma Mia wird 102

Gran Canaria

Nick und Nelli bringen mich frühmorgens ein wenig betrübt zum Flughafen. Ich werde die beiden auch sehr vermissen und würde sie am liebsten ins Handgepäck zu den fünf Tupperware-Boxen voll mit allen Lieblings-Plätzchen packen. Ehrensache, dass ich welche mitbringe. Aber die allein wiegen schon über ein Kilo, und das Extrapaket Windeln für Oma Mia muss auch noch in meinen Rucksack. Beim besten Willen ist da kein Platz mehr. Außerdem ist Nelli grundsätzlich zu schwer und müsste während des Flugs im Frachtraum ausharren. Das würde ich niemals übers Herz bringen. Und Nick muss leider arbeiten. Wegen eines heftigen Schneechaos hat der Flieger aber drei Stunden Verspätung. Gewonnene Zeit, die den Abschied erleichtert.

Der Flug ist angenehm ruhig, und es ist tatsächlich das erste Mal, dass ich meine eigenen Weihnachtsplätzchen in einem Flieger nasche. Aber ich muss mich beherrschen.

Oma Mia, Papa und Mama, alle drei holen mich zusammen am Flughafen ab. Sie haben sogar ein

Schild gemalt, auf dem steht: »Herzlich willkommen auf Gran Canaria, Anja! ☺«

Wie süß! Ich muss sehr laut lachen, denn mir fällt jetzt erst auf, dass dies seit der Trennung meiner Eltern vor über 20 Jahren unser erster gemeinsamer Urlaub ist. Ich fühle mich plötzlich, als wäre ich wieder 15!

Anja: »Warum macht ihr euch denn die Mühe, mich zusammen abzuholen?« Natürlich antworten alle gleichzeitig, dass das doch selbstverständlich sei. Wie schön das Wetter, wie kühl das Meer sei, man trotzdem gut schwimmen gehen könne und Oma Mia fast einen Sonnenbrand bekommen hätte. Diese schaut zwischendurch immer wieder an mir vorbei und wirkt so, als suche sie etwas oder jemanden.

Oma Mia: »Is Maria nich dabei?«

Anja: »Nein. Wie kommst du denn darauf?«

Oma Mia: »Is sie allein in Rosenheim geblieben?«

Anja: »Omma, die Oma ist doch nicht mehr in Rosenheim.«

Oma Mia: »Wer passt dann auf Oma Maria auf?«

Anja: »Oh, Omma, Maria lebt doch nicht mehr.« Sie blickt mich stumm und mit großen Augen verwundert an.

Mama schaltet sich ein: »Maria ist doch schon seit letztem Sommer nicht mehr bei uns.«

Oma Mia: »Dat weiß ich gar nich mehr. Dat is aber traurig ... ich dachte, sie kommt auch mit.«

Anja: »Das tut mir leid ... Aber wir tragen sie alle

im Herzen. Und ich habe ihre und auch deine Lieblingsplätzchen dabei.«

Oma Mia: »Oh, kann ich eins haben?«

Anja: »Klar!« Ich packe noch im Terminal meinen Rucksack mit den Plätzchen aus.

Ute: »Wusst ich's doch, dat du nich alle Plätzchen alleine aufessen konntest.«

Sie freut sich über ihre Dominosteine. Jeder greift nun beherzt zu. Ich will die Plätzchen wieder wegpacken, was aber keiner gut findet.

Jochen: »Die mit Schokolade müssen schnell weg. Für die ist es zu warm auf der Insel.«

Ute: »Die würden schon die Rückfahrt nicht überleben, so warm ist es im Auto!«

Anja: »Wohl eher wegen euch – und nicht wegen des Wetters … – Und, Omma, sag: Wie gefällt es dir hier?«

Oma Mia: »Wo sind wir denn hier?«

Anja: »Na, auf Gran Canaria.«

Oma Mia: »Weiß ich nich. Steht dat irgendwo?«

Anja: »Ja, hier!« Ich drücke ihr mein Herzlich-willkommen-Schild in die Hand.

Oma Mia: »Dat is ja super. Bleiben wir hier?«

Anja: »Ich hoffe doch. Ich bin nämlich gerade erst angekommen.«

Auf dem Weg zum Appartement dämmert es schon langsam, und ein wunderschöner Sonnenuntergang begleitet uns bis nach Hause. Auf der Terrasse stoßen wir erst mal mit einem Gläschen Wein auf unser Zusammensein an und die Tatsache, dass es Oma Mia mit über 101 Jahren mal wieder auf die Insel geschafft hat.

Anja: »Und wie erging es euch so die letzten Wochen?«
Ute: »Mammi hält uns ganz gut auf Trab. Die Luft scheint ihr gutzutun, denn sie ist viel wacher als sonst.«
Anja: »Und, Papa, du? Hast du abgenommen?« Bevor Papa antworten kann, sagt Oma Mia, während sie in den Abendhimmel schaut: »Der Einzige, der hier abgenommen hat, ist der Mond!«

Und greift noch mal treffsicher in die Plätzchenbox.

Unter ständiger Beobachtung

Oma Mia schläft tatsächlich immer sehr lang, weil sie nachts dreimal aufstehen muss und mit Mama zur Toilette geht. Natürlich gaaaaaaaaaaanz langsam. Wenn ich wach werde, nehme ich diesen Gang Mama ab, und dadurch bin auch ich tagsüber etwas müde. Das macht aber nichts, denn nach einem langen Frühstück bleiben wir sowieso auf der Terrasse sitzen. Oma Mia löst Rätsel, schaut Zeitschriften an, ich male oder lese ihr was vor. Mama und Papa haben Freizeit, können schwimmen gehen, sooft sie wollen, und ich kümmere mich ums Kochen. Natürlich gehe ich auch mal ins

Meer zum Baden. Die Wassertemperatur hat so circa 19 Grad. Das ist ganz schön frisch, aber wenn man sich mal überwunden hat, dann ist das Wasser sehr angenehm. Oma Mia kann leider nicht mit ins Meer kommen, denn sie hat nie schwimmen gelernt.

Ich gehe im Bikini zu Oma Mia nach draußen und bringe ihr einen frisch gepressten Orangensaft. Oma trinkt einen Schluck und schaut mir dann zu, wie ich mich auf den Platz neben sie setze: »Boah, hast du einen dicken Hintern!«

Ja, Oma Mia ist oft erstaunlich ehrlich und direkt in ihren Aussagen. Ich möchte auch gar nicht widersprechen, denn wie so oft im Leben, ist es alles eine Frage der jeweiligen Perspektive. Und da ich mich in meinem Körper wohlfühle, bin ich sowieso gut gepolstert, was so eine Kritik angeht.

Anja: »Danke, Omma, aber du musst ja nicht hinschauen.«

Oma Mia: »Wo soll ich denn sonst hinschauen?«

Anja: »Auf meine Brüste zum Beispiel.«

Oma Mia: »Die sind doch nicht groß.« Ich muss laut lachen, denn Omas Logik ist immer wieder überraschend.

Anja: »Alles klar, Sherlock, dann pass gut auf, dass ich nicht nach hinten umfalle.«

Überhaupt ist es schon sehr unterhaltsam mit Oma, wenn sie mal wieder vollkommen wach ist. Sie hat zu allem eine Meinung und kommentiert alles gerne: »Dat is aber mehr auf deinem Teller als auf meinem!«

Und mit einem Blick auf meine abgeschnittene Jeans-
hose, an deren Hosenbeinen noch ein paar Fransen
rausschauen, merkt sie an: »Trägt man dat heute so?
Oder nähste dat noch um?«

Anja: »Omma, für dich ist das wahrscheinlich komisch, aber die Hose ist nicht kaputt, das ist tatsächlich Mode.«

Oma Mia: »Dat versteh ich nich.«

Anja: »Ich irgendwie auch nicht.«

Dass »kaputte« Hosen sogar teurer sein können als
unversehrte, verrate ich Oma lieber nicht.

Gerne fragt sie auch mal, wo ich hingehe, wann es
wieder was zu essen gibt und wo wir hier sind. Wenn
ich nur kurz von ihrer Seite weiche, ruft sie sofort:
»Uuuuuuuuuuuuuuuuuuute!«

Anja: »Omma, die Mama ist beim Einkaufen und
Jochen beim Schwimmen. Kuck, steht hier auf dem
Zettel.« Ich deute auf einen Brief, den meine Mutter
an den Kühlschrank geheftet hat.

Oma Mia: »Wann kommen die denn wieder?«

Anja: »Bald.«

In diesem Augenblick kommt Papa auch schon in
Flip-Flops wieder zur Tür herein.

Oma Mia: »Jochen, wo warst du denn so lang?«

Jochen: »Tach, Mutter! Du, die ersten 30 Minuten
unter Wasser waren alle Getränke frei. Das musste ich
ausnutzen.« Oma lacht laut und herzlich.

Schön zu sehen, wie gut es ihr hier geht.

Fahrkünste

Wir machen einen Ausflug nach Artenara. Das ist die höchstgelegene Gemeinde auf der Insel und bekannt für ihre Höhlenwohnungen Casas Cuevas. Aufgrund der gleichbleibenden Temperaturen und Luftfeuchtigkeit sind die Höhlen das ganze Jahr über bis heute bewohnbar. Ein Museum dort, das heute unser Ziel ist, zeigt, wie man in den Höhlen auch früher schon komfortabel gelebt hat. Die Fahrt dorthin geht vorbei an Pinienwäldern, einem Nationalpark und unendlichen Serpentinen, gesäumt von blühenden Mandelbäumen. Papa fährt die erste Strecke, im Radio läuft spanische Musik und immer mit dabei: unsere »Steuerberaterin«.

Oma Mia: »Warum fährt Jochen dat Auto? Und nich Ute?«

Anja: »Warum denn nicht?«

Oma Mia: »Dat is doch mein Auto.«

Ute: »Nein, dat is ein Mietauto, Mammi.«

Oma Mia: »So ein Quatsch. Der kann doch gar nich Auto fahren.«

Anja: »Aber er fährt doch.«

Oma Mia: »Er fährt holprig.«

Anja: »Das sind die schlechten Straßen.«

Oma Mia: »Und warum lassen wir uns fahren?«

Anja: »Haha. Ist doch praktisch, dann kannst du mehr gucken.«

Oma Mia: »Ich würde immer selber fahren.«

Anja: »Warum fährst du uns dann nicht?«
Oma Mia: »Ja, weiß auch nich …«

An dieser Stelle möchte ich kurz daran erinnern, dass Omas große Leidenschaft Autos und Motoräder sind. Meine Großeltern mütterlicherseits hatten früher eine Tankstelle und verkauften auch Motorräder. Für die damalige Zeit war es schon etwas Besonderes, dass Oma Mia als Frau Auto gefahren ist und auch als eine der ersten Frauen in Bottrop einen Motorrad-Führerschein besessen hat. Dass sie es vermisst, in unserem Urlaub nun nicht mehr selbst Auto fahren zu können, lässt sich daher für uns alle gut nachvollziehen.

Wir bewundern weiter die Mandelplantagen, die sich im Januar mit ihren rosa Blüten in voller Pracht zeigen. Deswegen halten wir auch in dem auf dem Weg gelegenen Dorf Tejeda an. Hier gibt es zahlreiche Bäckereien mit den köstlichsten Mandelspezialitäten. Auch Dulces de Almendra genannt. Wir decken uns großzügig mit Kuchen und anderen Leckereien aus Marzipan ein. Und wie immer kaufen wir auch ein extra Stück Kuchen im Gedenken an Oma Maria. Dann fahren wir nach einer fröhlichen Dorfbesichtigung weiter.

Im Auto guckt mich Oma lange an. Einfach so. Da ich nichts zu essen in der Hand habe, bin ich ganz irritiert.

Anja: »Omma, warum schaust du mich so an?«
Oma Mia: »Darf ich nicht? Bist du es nicht wert,

angesehen zu werden?« Und lächelt ganz goldig. Also mit manchen Kommentaren rechne auch ich nach all den Jahren nicht.

Anja: »Ich hab dich auch lieb, Oma!« Und drücke sie ganz fest.

Endlich kommen wir am Museum »Museo Etnográfico Casas Cuevas de Artenara« an, das sehr weit oben in die Felsen gebaut wurde. Die Zimmer sind noch wie damals, einfach und mit viel Liebe fürs Detail eingerichtet. Es fehlt an nichts, nur die Toiletten sind dem heutigen Standard angepasst und ersetzen einen Eimer. Es eröffnet sich vor uns ein spektakuläres Panorama: Der Blick gleitet über die umliegenden Berge des Nationalparks. Mit so viel berührender Atmosphäre und wunderschönen Bildern im Kopf machen wir uns wieder auf den Rückweg.

Oma Mia: »Ich hab Hunger.«

Anja: »Wir machen Picknick nach den Serpentinen.«

Oma Mia: »Warum nicht jetzt?«

Anja: »Weil dir sonst in den Kurven schlecht werden würde.«

Oma Mia: »Dann fahren wir keine Serpentinen.«

Anja: »Hier gibt es nur Serpentinen.«

Oma Mia: »Wer baut denn so was? Bekomm ich dann ein Bonbon?«

Anja: »Ich habe leider nur einen Mandelkeks.«

Oma Mia: »Kann ich den lutschen?«

Anja: »Haha. Ja klar. Warum nicht?«

Oma Mia: »Hat der Papa einen Führerschein? Der kann doch gar nicht fahren?«

Jochen: »Na, dann haltet mal Ausschau nach Schäfchen.«

Anja: »Warum?«

Jochen: »Schäfchen zur Linken, Glück wird dir winken.«

Am Ende der noch turbulenten und unterhaltsamen Woche sind wir dann alle zusammen heimgeflogen. Höhepunkt: zehn Koffer und vier Personen in einem Auto. Ich lag hinten quer über Omas und Mamas Beinen. Hat alles mit Ach und Krach geklappt. Nur Omas Gehwagen hat es beim besten Willen nicht mehr mit ins Auto und somit nach Deutschland geschafft. Der wartet immer noch auf Gran Canaria auf uns. Noch ein Grund mehr, bald wiederzukommen.

Voll den Durchblick

Zu Hause in Deutschland ist es kalt. Wieder dick eingepackt, gehen Oma Mia, Nick und ich in die Stadt, zum Bummeln. Also *wir beide* gehen, und Nick schiebt Oma Mia im Rollstuhl.

Für Oma Mia, die selten in der Stadt ist, fühlt sich alles neu an. Wir ziehen von einem Geschäft ins nächste, um uns zwischendurch aufzuwärmen. Oma macht immer wieder große Augen und staunt, was es so alles Interessantes gibt. Dann bleiben wir vor einem Regal stehen und probieren die unterschiedlichsten Sonnenbrillen an.

Nick: »Und? Wie ist *die* Brille, Oma?« Er nimmt dieses Mal eine dunkle, riesengroße Sonnenbrille aus dem Regal und überreicht sie Oma.

Oma Mia: »Ich seh nix!«

Anja: »Kann nicht sein. Zeig mal her.« Ich nehme ihr die tiefschwarze Sonnenbrille von der Nase, um sie selbst anzuprobieren. »Stimmt, ich seh auch nichts!«

Oma Mia: »Bei den Preisen auch besser so!«

Up to date

Im März erscheint ein Artikel über Oma Maria und mich im dm-Magazin *Alverde*. Wir werden groß in einem Beitrag erwähnt, in dem es um das Thema »Großeltern und Enkelkinder« geht. Es gibt immer mehr Omas und Opas, die fit alt werden und sich auch für die technischen Errungenschaften ihrer Enkel interessieren. Und die im Gegenzug den Enkelkindern viel über die Natur und das alte Leben ohne Technik beibringen können. Schön für uns zu sehen, dass Oma Maria, obwohl sie schon seit einem halben Jahr nicht mehr bei uns ist, noch so geschätzt wird. Aus den unterschiedlichsten Ecken Deutschlands bekomme ich positive Nachrichten zu unserem Beitrag. So selbstverständlich ist eine fitte 107-Jährige nämlich immer noch nicht.

Wofür man das Abitur braucht

An Ostern kommt die ganze Familie wieder bei uns in München zusammen. Bei erstaunlich warmem Osterwetter holen wir sogar schon die Liegestühle aus dem Gartenhäuschen. Die einen suchen Eier mit Nellis Hilfe, die anderen spielen Tischtennis, werfen sich einen Ball zu oder schlafen einfach eine Runde im Liegestuhl. Dann versuche ich, Oma Mia mit dem Rollstuhl über die Wiese zu Oma Marias Rose zu schieben.

Oma Mia: »Die blüht ja noch gar nich.«

Anja: »Omma, wir haben erst April, das dauert noch bis zum Sommer.«

Oma Mia: »Bekomme ich dann auch eine Rose?«

Anja: »Natürlich. Welche Farbe möchtest du denn?«

Oma Mia: »Dat is mir egal.« Dann überlegt sie. »Bunt wäre schön, Anja. Ich hatte doch so viele Rosen bei mir in Bottrop. Rot, orange, rosa. Dat is schon wat Dolles, so ein Rosengarten.«

Anja: »Dann bekommst du halt zwei Stück: eine rote und eine rosafarbene. Hat aber noch etwas Zeit, oder?«

Oma Mia: »Wie alt bin ich denn jetzt? Schon 100?«

Anja: »Ja, Omma, gut gemerkt. Genauer gesagt, 101 Jahre.«

Oma Mia: »Und wie alt ist Maria geworden?«

Anja: »108 und ein halbes Jahr!«

Oma Mia: »Dat jibet doch nich! Nä, dat tu ich Ute nich an.«

Manchmal ist Oma Mia erstaunlich klar. Besonders, wenn die ganze Familie dabei ist, taut sie nach einer Weile richtig auf. Ja, Gesellschaft ist immer gut, und ich schiebe sie zu den anderen an den Tisch zurück. Ich gehe in die Küche, um mich um den Kuchen zu kümmern. Als ich nach einiger Zeit wieder rauskomme, haben sich alle im Garten verteilt. Oma Mia sitzt alleine am Tisch und fragt mich: »Wo ist René? Ich brauche René.« Ich suche ihn und finde ihn hinterm Gartenhäuschen. »Deine Mutter ruft dich.« Er spaziert zu Oma Mia. Sie sagt irgendwas zu ihm. Dann ruft *er* nach *meiner Mutter*: »Uuuuuuuuuuuuute.«

Ja, das mit dem Windelwechseln überlässt er dann doch lieber seiner Schwester. Die beiden Damen sind aber auch ein eingespieltes Team und gehen zur Toilette. Ich bin auf Abruf nebenan in der Küche und helfe den Tisch decken, während Papa die Sahne steif schlägt. Auf einmal höre ich, wie Mama zu Oma sagt: »Warte, Mammi, ich hab's gleich, ich muss dich nur noch … abp…« Oma Mia entgegnet ziemlich unfreundlich: »Nein, *du* nicht! Du hast ja noch nicht mal Abitur!«

Ein harter Satz, und ich spring gleich auf, weil ich meine Oma rügen will. Hierfür muss ich aber fürs bessere Verständnis, warum sie so etwas sagt, noch einmal ausholen. Wie schon erwähnt, hat Oma Mia als Kind eine sehr strenge Erziehung erhalten und wurde nach der »guten, alten Tradition« erzogen: Die Frau gehört hinter den Herd, der Mann geht arbeiten. Obwohl sie jeden Tag in der Tankstelle arbeitete und mit ihrem Motorrad-Führerschein anderen Frauen was voraushatte, bewahrt sie bis ins hohe Alter dieses veraltete Bild im Kopf. Sie und Mama sind nichts wert. Und diese verkrustete Ansicht über ihr Dasein als Frau bringt Demenz noch verstärkt ans Tageslicht. Und deshalb sitzt Oma jetzt auf der Toilette und will die Hilfe meiner Mutter nicht annehmen.

Ute: »Dann erklär mir doch mal, wie dir Menschen mit Abitur den Popo besser sauber machen können.« Daraufhin blickte Oma aber sehr verdutzt drein und war sprachlos. Ich bewundere in solchen Augenblicken meine Mutter, wie sie so ruhig bleiben kann. Ich war wieder einmal dankbar, zu erkennen, wie glücklich ich sein konnte, dass meine Eltern mich frei von solchen festgefahrenen Strukturen erzogen haben.

Jochen: »Siehste, Mäuslein, jetzt weißte endlich, wofür du das Abi gemacht hast.«
    Anja: »Haha. Schon klar, du meinst, ist eh alles nur fürn A***!«

Modern Talking

Heute ist mein Geburtstag. Und da mein liebstes Hobby Backen ist, backe ich mir auch selbst eine Torte. Eine Erdbeertorte. Zum Backen höre ich immer Musik. Nick hat »Alexa« bei uns zu Hause installiert. Diese digitale Sprachassistentin greift für mich per Sprachsteuerung auf Informationen aus dem Internet zu und spielt meine Musikwünsche ab. Etwas, was bei Oma Mia auf Unverständnis stößt, aber auch auf große Augen und Ohren. Ich erinnere mich noch, wie dagegen Oma Maria mit ihren 107 Jahren blitzschnell »Alexa« durchschaut und natürlich gleich in ein Gespräch verwickelt hat.

Oma Maria: »Wie viele Einwohner hat Rosenheim?«

Alexa: »Rosenheim hat circa 63 000 Einwohner.«

Oma Maria: »Alexa, wer ist Rosenheims älteste Bürgerin?«

Anja: »Haha, Oma, du bist ja schlau.«

Alexa: »Tut mir leid, das weiß ich leider nicht!«

Oma Maria: »Dann kommst du mich mal besuchen.«

Alexa: »Tut mir leid, das verstehe ich leider nicht.«

Oma Maria: »Mir kommt es manchmal auch wie ein Wunder vor.«

Alexa: »Wie kann ich Ihnen weiterhelfen?«

Oma Maria: »Wie alt bist denn *du*?«

Alexa: »Ich bin 4 Jahre alt. Für eine künstliche Intelligenz ist das deutlich erwachsener als für einen Menschen.«

Anja: »Alexa, was bedeutet *erwachsen*?«

Alexa: »Erwachsen werden Menschen nach Abschluss der Adoleszenz bezeichnet.«

Oma Maria: »Das ist aber eine langweilige Unterhaltung.«

Anja: »Künstlich eben.«

Oma Maria: »Und das erleichtert euer Leben?«

Anja: »Sie kann ganz gute Musik spielen.«

Oma Maria: »Dann hätte ich gerne was von Modern Talking.« Neben Vicky Leandros und Julio Iglesias sind das Oma Marias Lieblingsmusiker.

Anja: »Haha, Oma, das trifft den Nagel auf den Kopf!«

Oma Maria: »Spätzchen, was meinst du?«

Anja: »Na, *Modern Talking* heißt übersetzt *Modernes Reden.*«

Oma Maria: »Gibt es die Gruppe heute noch?«

Anja: »Nein, die Band ist … Moment: »Alexa, wann hat sich die Band Modern Talking aufgelöst?«

Alexa: »Die Band Modern Talking hat sich 2003 aufgelöst.«

Oma Maria: »Ach, so funktioniert das.« Papa kam in die Küche.

Jochen: »Kann Alexa auch Kuchen backen?«

Alexa: »Plong.« Sie sagte nichts mehr und schaltete sich aus.

Anja (imitierte Alexas Stimme): »Nein, in diesem Haus backt nur Anja und – manchmal – auch Nick.«

»Alexa, spiel fröhliche Musik!«, sage ich jetzt zu ihr.

Und was spielt sie? »You're my heart, you're my soul« von Modern Talking. Mir ist bewusst, dass Alexa auf Lieder zurückgreift, die schon oft gespielt wurden, und als Oma Maria hier war, spielte Alexa das in Dauerschleife. Auf diese Weise backe ich meine Geburtstagstorte auch mit Oma Maria zusammen. Ich habe ein neues Rezept für eine *Yogurette-Torte* entdeckt, das ich gerne mit ihr gebacken hätte. Sie hätte sich darüber sehr gefreut, denn sie mochte alles mit

Erdbeeren. Am liebsten Erdbeereis, aber auch frische Erdbeeren mit Sahne, üppige Erdbeertorten, Erdbeerkuchen, Erdbeer-Marmelade.

Zutaten:

2 bis 3 dünne, helle Biskuit-Böden (selbst gebacken oder fertig gekauft. Das habe ich gegen meine Back-Ehre auch gemacht, denn heute ist noch genug zu tun.)
2 Becher Schmand
2 Becher Schlagsahne
750 Gramm frische Erdbeeren
2 Packungen Yogurette
3 Packungen Sahnesteif
100 Gramm Schokoraspeln
6 Erdbeeren, geteilt zum Dekorieren

Zubereitung:

Zuerst die Erdbeeren in kleine Stückchen schneiden. Danach die Yogurette-Riegel in kleine Würfelchen fein hacken und beides in eine große Schüssel geben. Die Schlagsahne mithilfe des Sahnesteifs fest schlagen, den Schmand hinzugeben und die Erdbeeren mit den Yogurette-Stückchen unterheben. Probieren!
Dann die Hälfte der Creme auf dem ersten Biskuitboden verteilen. Den Rest der Creme auf dem zweiten Boden und außen herum verstreichen. Man kann auch drei Schichten herstellen. Ich persönlich mag lieber mehr Creme als Boden in der Torte. Außen herum

noch die Schokoraspeln streuen und mit den zwölf Erdbeerhälften – an denen gerne noch das Grün sein darf – verzieren. Wer mag, kann ein paar Schokoraspeln oben draufstreuen. (Ich mag natürlich.)
Fertig. Ab in den Kühlschrank für mindestens eine Stunde.

Nelli bekommt zur Feier des Tages auch noch eine Erdbeere von mir. Sie rennt ständig zwischen Küche und Wohnzimmer hin und her, denn sie muss auch meine ersten Geburtstagsgäste empfangen. Oma Mia und Mama sind die Ersten. Danach kommen Papa und Felix und ein paar Freundinnen. Ich mische an Geburtstagen meist Freunde und Familie. Die meisten kennen sich schon länger, und wenn nicht, werden neue Freunde immer herzlich von meiner Familie aufgenommen. Die Yogurette-Torte auch, genauer gesagt: Sie wird quasi inhaliert und ist bereits nach zehn Minuten komplett aufgegessen.

Jochen: »Mäuslein, bekomme ich noch das letzte Stück?«

Anja: »Papa, du hattest schon zwei.«

Oma Mia: »Ich möchte auch noch eins.«

Anja: »Das geht nicht.«

Jochen: »Aber eins ist keins, und zwei sind auch nicht viel.«

Anja: »Also für Torte ist der Spruch nicht geeignet.«

Ute: »Ich hatte noch gar kein Stück. Mammi, hast du nicht schon zwei gegessen?«

Oma Mia setzt wieder ihr unschuldiges Gesicht auf. Wer weiß, ob sie es wirklich nicht mehr weiß? Also »backe« ich tatsächlich schnell noch eine Torte, denn dass Mama leer ausgeht oder Papa noch Hunger hat, geht ja gar nicht. Auf die Stunde im Kühlschrank kann man in dringenden Fällen auch verzichten. Und *eine* Torte ist quasi *keine* Torte.

Am Abend kocht Nick noch für uns alle. Seine Geburtstagsüberraschung. Das macht er nicht oft. Kochen ist nicht so seins. Er ist eher der Tech*nick*er im Haus.

Nick: »Und wer räumt jetzt die Küche auf?«

Anja: »Na, du! Wie immer derjenige, der gekocht hat.«

Nick: »Und dann fragst du dich ernsthaft, warum ich so selten koche!«

Facebook-Auszug vom 15. Juli 2019

+++ Es gibt Wunder, und es gibt Wunder, die man erst nicht als solche erkennt. Meine »jüngere« Oma Mia ist wirklich eines, denn sie wird heute 102 Jahre!
Sie leidet stark unter Alzheimer und begegnet ihrem Leben dadurch täglich neu. Sie erkennt noch ihre engste Familie, aber nicht mehr ihre Umgebung. Wann sie gegessen hat oder welcher Tag oder welches Jahr ist, weiß sie auch nicht mehr. Und trotzdem lächelt sie und freut sich, dass sie 102 geworden ist. Ich glaube aber, so wirklich geheuer ist ihr das selber nicht, wie sie es bis dahin geschafft hat.

Und damit komme ich zum unerkannten Wunder. Zu meiner Mutter (75), die mit einer erstaunlichen Geduld, Ausdauer und Kraft seit über acht Jahren meine stark pflegebedürftige Oma Mia erträgt und immer positiv und liebevoll mit ihr umgeht. Wenn wir diese Menschen nicht hätten, die so selbstlos in solchen Situationen handeln, hätten wir sicherlich ein paar Wunder weniger. All denen möchte ich heute auch von Herzen DANKE sagen. +++

Deswegen haben Frauen zwei Brüste

Es ist sehr heiß an diesem herrlichen Augusttag, und ich sitze mit Oma unter einem Sonnenschirm auf unserer sehr sonnigen Terrasse. Wir trinken einen alkoholfreien Sommercocktail und halten unsere Füße zum Abkühlen in ein Planschbecken, genießen dabei das saftige Grün der Wiese, die bunten Blumen und das Zwitschern der Vögel. Oma Mia spricht nicht viel, aber ich glaube, sie ist ganz happy, denn sie lächelt vor sich hin. Ein Bienchen fliegt von Blume zu Blume und gibt mir den Anstoß für folgende Frage: »Omma, wer hat dich eigentlich aufgeklärt?« Oma Mia guckt mich an und scheint meine Frage nicht so richtig zu verstehen. Also formuliere ich es noch mal anders: »Wann hast du erfahren, wie man Kinder macht? Und was haben sie dir erzählt?«

Oma Mia: »Dat weiß ich nich mehr. Dat hat wohl irgendwie funktioniert.«

Anja: »Hast du nicht mit deinen Geschwistern darüber gesprochen?«

Oma Mia: »Nee, dat hat man nich gemacht. Ich hab ja noch bis zum zwölften Lebensjahr gedacht, dat die Kinder aus dem Busen kommen. Denn wofür sind die Dinger schließlich da?«

Anja: »Wie? Aus der Brust?«

Oma Mia: »Ein Kind kommt aus dem rechten Busen, ein Kind aus dem linken Busen. Und mehr Kinder kann man deswegen auch nicht haben.«

Anja: »Wow. Ja klar. Versteht sich von selbst.«

Erwischt

Es wird allmählich Herbst, und die ganze Familie trifft sich in Reit im Winkl. Die Landschaft ist herrlich und verfärbt sich golden. Für Oma Mia sind Autofahrten immer ein Spaß, weil es viel zu entdecken gibt. Nach der Einkehr in ein Café machen wir alle einen »Verdauungsspaziergang« durchs Dorf. Ich schiebe Oma Mia im Rollstuhl den Gehweg entlang. Es geht rauf und runter und wieder rauf und runter, und das bringt Oma ins Schwanken. Sie beschwert sich.

Oma Mia: »Nicht so ruckelig, bitte!«

Anja: »Ich kann nix dafür! Das sind die Gehwege.«

Wir gehen weiter und kommen an einem Parkplatz vorbei und beobachten, wie ein Pärchen verzweifelt versucht, zwei Euro in die Parkuhr zu stecken. Aber vergeblich: Das Geld fällt immer wieder durch. Papa spricht das Paar direkt an.

Jochen: »Wenn Sie *uns* zwei Euro die Stunde geben, passen wir auf Ihr Auto auf.«

Oma Mia: »Nä, dat Auto gefällt mir nich.«

Jochen: »Tut mir leid! Dann hat sich die Sache wohl erledigt. Kleben Sie doch einfach die zwei Euro auf Ihre Windschutzscheibe, mit einem Gruß an die Dame vom Ordnungsamt.«

Ich schiebe Oma weiter.

Oma Mia: »Anja, bitte nicht so wild.« Ich gebe auf, denn das Auf und Ab des Gehweges kann ich nicht ändern, und so schiebe ich sie mit dem Rollstuhl auf die Straße. Da Sonntag ist, gibt es kaum Verkehr, und ich werde langsamer, damit Oma auch die Schaufenster betrachten kann.

Oma Mia: »Anja, etwas schneller, bitte!«

Anja: »Du meinst, ich soll mich den Straßenverhältnissen anpassen?«

Jochen: »Mutter, dann musst du aber auch deinen Arm quasi als Blinker rausstrecken.«

Anja: »Und am Ende bekomme *ich* dann ein Foto vom Verkehrsamt!«

Jochen: »Wieso?«

Anja: »Innerorts mit 102 erwischt!«

Jochen: »Haha, Mutter, dann immer schön lächeln!« Und Oma Mia grinst.

Dem Himmel so nah

Endlich können Papa und ich das machen, was Oma Maria uns ernsthaft verboten hat: *Gleitschirmfliegen.* Sie machte sich nämlich die größten Sorgen um uns – verständlicherweise. Denn wenn Papa – quasi ihre Lebensversicherung – vom Himmel gefallen wäre, wäre das Leben auf Erden nicht mehr so leicht für sie gewesen.

Oma Maria: »Also, Spätzchen, wenn ihr da oben rum-schwebt und nicht mehr runterkommt …!?«

Jochen: »Na, runter ist bis jetzt noch jeder gekom-men!«

Oma Maria: »Jochen, das ist nicht lustig. Soll *ich* dich dann auf meine alten Tage noch pflegen, wenn was passiert?«

Jochen: »Mutter, du weißt doch: immer flexibel bleiben!«

Oma Maria: »Also, wenn ich nicht mehr bin, könnt ihr das gerne machen.«

Jochen: »Verstehe. Du willst also vor uns da hoch!«

Papa und ich hatten natürlich vollstes Verständnis für ihre Sorge um uns. Aber jetzt haben wir freie Fahrt beziehungsweise freien Flug. Erst starte ich, danach kommt Papa. Wir fliegen in Österreich mit seinem besten Freund, der dieses Hobby schon seit Jahrzehn-ten mit Leidenschaft betreibt. Oben am Berg, nahe dem Abhang, checkt er alle Sicherheitsgurte, Leinen und was noch so erfunden wurde, um das Leben in der Luft sicherer zu machen. Es ist ein Tandemsprung. Wir nehmen Anlauf und ziehen die Füße an. Die erste Minute ist unbeschreiblich schön. Hoch oben ist alles ganz leise. Kein Laut ist zu hören, nur ein leises »Fuuuuuuuuuuuuhhhhhhh ....« begleitet unser Schweben. Man fühlt sich so angenehm schwerelos. Die Welt ist klein, und mein Kopf ist leer. Kommt ja so gut wie nie vor. Leider hält dieser wunderbare Zustand genau vier Minuten an – dann wird mir übel. Ich teile das meinem Sprungpartner mit und verspreche ihm gleichzeitig, mich während des Fliegens nicht zu übergeben. Weil ich dort oben Oma Maria vielleicht näher bin, hat sie mich erhört. Die Übelkeit vergeht zum Glück. Nach 20 Minuten habe ich wieder festen Boden unter den Füßen, aber etwas flau ist mir immer noch.

Dann ist Papa dran. Ich beobachte ihn mit Felix vom Tal aus. Das Witzige ist, ich kann, während er fliegt, per Handy mit ihm, also quasi mit dem »Himmel«, telefonieren.

Anja: »Und, Papa? Wie ist es in der Höhe?«

Jochen: »Richtig gut und bequem ist das hier! Jetzt weiß ich auch, wie Muttern sich fühlen muss, denn die Aussicht von hier oben ist fantastisch!«

Keine zehn Minuten später landen die beiden auf dem Feld vor unseren Füßen. Auch seine Knie sind weich, und sein Magen fühlt sich etwas flau an. Ach, von ihm habe ich also den flauen Magen geerbt.

Anja: »Und? Willste noch mal?«

Jochen: »Ich glaube nicht! Vielleicht noch mal, wenn ich 100 bin. Dann kann ich auch gleich oben bleiben!«

19. 12. 2019 – Oma Maria wäre 110

So schnell vergeht ein Jahr. Es ist nun schon der zweite Geburtstag von Oma Maria, den wir ohne sie feiern. In liebevoller Erinnerung lade ich einen Gedenkpost auf Facebook hoch, denn Oma Maria wäre heute *110* Jahre alt geworden. Diese kurze Unterhaltung sagt alles.

Anja: »Oma, was machen wir heute?«
    Oma Maria: »Immer weitergehen – nicht stehen bleiben.«
    Anja: »Willst du den Stock oder den Rollator dafür?«
    Oma Maria: »Weder noch. Ich will deine Hand!«

Ja, manchmal kommt man nicht allein weiter und benötigt die Hilfe von anderen. In solchen Augenblicken die Hand zu reichen, um zu helfen, oder einfach »nur« da zu sein, kann das schönste Geschenk sein.

JAHR 2020
Oma Maria (110) und Oma Mia wird 103

Ruhe ist aller Laster Anfang

Papa wohnt weiterhin in Omas Wohnung. Wenn Oma Maria ihre Wohnung jetzt allerdings sehen würde! Die Küche ist zur Hälfte von einer Werkbank besetzt worden, weil Papa lieber bastelt als kocht. Und auch wenn man grundsätzlich sicherlich gerne die Möbel der Eltern, in diesem Fall seiner Mutter, in Ehren halten will – am Ende passen sie nicht mehr unbedingt zum eigenen Lebensstil. Der Gobelin, die Blümchencouch, die floralen Vorhänge, kurz, die sehr weiblich ausgerichtete Wohnung von Oma Maria weicht langsam einem Männer-Single-Haushalt. Jetzt hängt moderne Kunst an der Wand, und es steht ein riesengroßer Fernseher auf dem Wohnzimmerschrank. Nicht nur das eine oder andere Buch, sondern auch die ein oder andere Vase musste weichen. Unantastbar bleibt aber Omas Kräutersammlung. Die übernimmt mein Vater genauso wie Omas Kosmetikprodukte. Ja, auch mein Papa tut was für sein Aussehen. Zu diesem Thema ist er schon früh von seiner Mutter belehrt worden: »Jochen, du hast die gleiche Haut wie ich. Du brauchst nicht viel, nur die tägliche Pflege ist entscheidend. Du darfst meine Cremes gleich mitbenutzen.« Somit teilten sich beide Hagebutten-Öl fürs Gesicht, ein Biopflegemittel für Körper und Haar, reines Mandelöl oder Sheabutter im Wechsel mit purem Aloe-Vera-Gel für den Körper. Wobei Papa Letzteres inzwischen weggelassen hat.

Davon abgesehen, ist er genauso umtriebig wie seine Mutter und ständig unterwegs. Mal bei Freunden, viel in der Nachbarschaft, bei meinem Onkel in Berlin, kauft regelmäßig frischen Käse und Bio-Produkte beim Bauernhof in Stephanskirchen und gönnt sich kleine Abenteuer wie zum Beispiel auch mal einen Gleitschirmflug mit seinem Freund – getreu seinem Motto: »Ruhe ist aller Laster Anfang.«

Anja: »Willst du nicht mal ein wenig entspannen?«

Jochen: »Dafür habe ich später immer noch Zeit. Apropos. Hast *du* Zeit, beziehungsweise lassen dich Mann und Hund mit mir nach Teneriffa fliegen?«

Anja: »Du bist schon wie Oma. Kaum bist du irgendwo angekommen, rennst du wieder weiter.«

Jochen: »Ich hatte eben ein gutes Vorbild. Und? Kommst du mit?«

Anja: »Ich nehme den Staffelstab sehr gerne entgegen.«

Lachen ist die beste Kosmetik

Zum Thema Kosmetik fällt mir noch ein sehr schönes Interview ein, das Oma Maria mit 107 Jahren einer

Zeitschrift zum Thema »In Vergessenheit geratene Badschätze« gegeben hat. Das Interview wurde uns schriftlich gestellt, und ich bin mit Oma Maria bei Kaffee und Kuchen (bei was auch sonst) die Fragen durchgegangen.

Anja: »Los geht's mit der ersten Frage: ›*Wie haben Sie sich als junge Frau gepflegt?*‹«

Oma Maria: »Spätzchen, ich fühle mich doch immer noch jung (und Oma lacht), aber ich weiß, was du meinst. Als Kind um 1916 gab es bei uns nur Kernseife, für den Körper, das Haar, das Gesicht, eigentlich alles. Meine Eltern hatten noch eine Flasche 4711 im Bad stehen, aber das benutzte eher mein Vater. Ab und an haben wir uns davon ein bisschen stibitzt. Später in meiner Jugend habe ich dann Olivenseife benutzt und eine einfache Mandelcreme.«

Anja: »Ahhh, daher die Vorliebe für Mandeln oder Mandelöl.«

Oma Maria: »Du, da könntest du recht haben. Man hat uns als Jugendliche schon erklärt, es gäbe nichts Besseres. Im fortgeschritten Alter habe ich ein paar Anti-Falten-Cremes getestet, aber das ist alles Mist. Die Falten bekommt man so oder so, dagegen hilft nur ein Lächeln aufsetzen.« Und Oma lacht.

Anja: »Hast du noch einen Tipp von früher für meine Haut?«

Oma Maria: »Ich bin ja eher der natürliche Typ, so wie du. Weniger ist mehr! Einmal im Monat habe ich ein Dampfbad fürs Gesicht mit Kamillenblüten gemacht. Probiere das doch mal aus!«

Anja: »Okay, das passt auch schön zur nächsten Frage: ›*Gibt es vielleicht Dinge, die Sie selbst gemacht haben, weil es keine entsprechenden Produkte gab oder diese zu teuer waren?*‹«

Oma Maria: »Ich habe gerne für 15 Minuten Quark aufs Gesicht aufgetragen. Manchmal auch eine Gurke auf die Augen. Das hat man so in den Magazinen von damals gelesen!«

Anja: »Das liest man heute auch noch.«

Oma Maria: »Für damalige Zeiten war es aber schon ungewöhnlich, sich Lebensmittel auf das Gesicht zu legen. Aber es war erfrischend und einfach.«

Anja: »Und was machst du heute für deine Haut?«

Oma Maria: »Meine Haut ist so fein, ein grobes Handtuch ist da schon Peeling genug.« Und Oma lacht wieder.

Anja: »›*Wie haben Sie Ihre Haare gepflegt?*‹, wollen sie von dir als Nächstes wissen.«

Oma Maria: »Als junges Mädchen habe ich für den Glanz meiner blonden Haare einfach eine selbst gemachte Kamillen-Spülung verwendet. Die Kamille haben wir im Garten gepflückt und im Winter die getrocknete genommen, mit Wasser aufgekocht, abkühlen lassen, fünf Minuten im Haar einwirken lassen und dann ausgewaschen. Im Sommer habe ich zum Aufhellen meiner Haare noch einen Zitronensaft dazugemischt.«

Anja: »Und heute empfiehlt dir deine Frisörin ein Goldshampoo.«

Oma Maria: »Die hat ja auch keinen Garten!«

Anja: »Und als Letztes geht es noch um mich: ›*Wel-*

che Schönheitsmittel oder -geheimnisse haben Sie an Ihre Tochter oder Ihre Enkelin weitergegeben?‹«

Oma Maria: »Leider habe ich ja keine Tochter. Und du bist meine einzige Enkelin. Und was empfehle ich dir immer?«

Anja: »Lachen ist die beste Kosmetik.«

Oma Maria: »Genau, und fröhlich sein und das Leben nicht so ernst nehmen.«

Ab in den Urlaub mit Oma Maria – im Handgepäck

Zum ersten Mal seit 20 Jahren verreise ich also allein mit Papa, inzwischen auch schon 78. Das mag jetzt komisch klingen, aber wenn ich mit Papa unterwegs bin, ist Oma »wirklich« mit dabei. Als unser Schutzengel.

Es fing alles damit an, dass ich im Vorfeld eine falsche Last-Minute-Pauschalreise gebucht hatte. Hinflug München – Teneriffa, Rückflug Teneriffa – Basel. Ja, Basel! Ich weiß nicht, wie mir das passieren konnte. Was würden wir denn in Basel wollen? Papa hatte auch keine Idee, was wir in der Schweiz noch machen könnten. Aber wir wollten ein ganz bestimmtes Hotel auf Teneriffa buchen, und das gab es letzten Endes nur in der Kombination mit dem Flug nach Basel. Also stornieren und umbuchen? Denn von dort einen Weiterflug nach München zu buchen war auch das Hotelzimmer nicht wert. Also habe ich die ganze Reise wieder storniert. Das ging glücklicherweise noch ohne Extrakosten. Ich musste ein anderes Hotel wählen, der Rückflug würde nach Nürnberg gehen, und von dort müssten wir dann mit dem Zug nach München fahren. Puh, noch mal alles gut gegangen, und die Reise konnte dann bald losgehen.

Eine Woche später kommen wir also in Teneriffa an und sind beide von unserem neuen Hotel mehr als überrascht: hell, groß und ein außerordentlich freundlicher Empfang durch das Hotelpersonal. Das Hotel ist viel schöner als das, das wir uns anfangs in den Kopf gesetzt hatten. Unser Zimmer hat seitlichen Meeresblick, obwohl wir den gar nicht gebucht hatten.

Rezeptionistin: »Nur eine Zimmerkarte für Sie beide?«

Anja: »Ja, das passt. Wir machen eh nichts getrennt.«

Jochen: »Einer kann lesen. Der andere kann schreiben!«

Rezeptionistin lacht und sagt: »Wir nehmen 300 Euro Kredit auf Ihre Zimmerbuchung auf und buchen das Geld am Ende dann wieder zurück!«

Jochen: »Warum nicht 400 Euro?«

Rezeptionistin lacht wieder: »Beinahe hätte ich Ihnen das geglaubt!«

Anja: »Ja, wir suchen noch jemanden, der rechnen kann. Das war sonst immer meine Oma.«

Wir erkunden als Erstes die Umgebung, auch das Hotel, in das wir ursprünglich wollten. Nach dem Rundgang durch die dortige Anlage sind wir uns einig, dass wir dort nicht so gut aufgehoben gewesen wären.

Tja, da hatte wohl jemand seine Finger im Spiel. Oma wusste sicherlich besser, was zu uns passt.

Omas Lieblingskäse

Das beweist auch das Frühstücksbuffet am nächsten Morgen. Ich habe ja schon viel gesehen beziehungsweise probiert, aber das toppt alles Bisherige. Hier gibt es alles: aufwendig verzierte Häppchen, Rührei, Spiegelei, pochiertes Ei, weiches Ei, hartes Ei, Ei mit Wunschzutaten, Omelette, Pfannkuchen, Crêpes, Waffeln, unterschiedliche Eiscreme-Variationen und mein persönliches Highlight: warme Schokoladensoße! Ich bin im siebten Himmel. Und so viele wunderbare frische Obst- und unendlich viele Käsesorten. Und ja, denke ich mir, Oma, ich hab's gesehen. Es gibt sogar Harzer. Omas Lieblingskäse.

Papa steht inzwischen neben mir und hat sich auch noch nichts auf den Teller aufgetan. Bei dem Angebot sind wir erst mal überfordert.

Jochen: »Hast du's auch gesehen?«

Anja: »Ja, unglaublich! Es gibt Harzer. Ich glaube, Oma stalkt uns.«

Jochen: »Wahrscheinlich hat sie uns deswegen das Hotel ans H(a)erz gelegt. Wo bekommt man schon so einen Lieblingskäse?«

Anja: »Man könnte fast meinen, dass ihn Oma dort oben eben nicht bekommt!«

Stürmische Zeiten

Los geht's mit dem ersten Ausflug in die Hauptstadt Santa Cruz de Tenerife.

Man fährt von unserem Hotel an der Costa Adeje ungefähr eine Stunde am Meer entlang, um dorthin zu kommen. Wir parken an der Hafenstraße vor dem Wahrzeichen der Insel, dem Auditorium. Das ist ein segelförmiges großes weißes Gebäude, das uns an die Oper von Sydney erinnert. Es wird tatsächlich auch für Konzerte genutzt, hat aber heute geschlossen.

Wir schlendern weiter am Hafen entlang – irgendwie komisch: Hier ist nix los. Alle Straßen sind leer. Ach so, nein: Alle Straßen am Hafen entlang sind gesperrt. Was wir bis eben nicht wussten, ist, dass hier die nächste Woche der – nach Rio – zweitgrößte Karnevalsumzug der Welt stattfindet. Deswegen wurden in der Altstadt auch viele Buden aufgestellt; alles wirkt wie ein groß angelegter Rummelplatz. Und etwas weiter hören wir auch schon was. Wir lassen uns treiben und erfreuen uns an unterschiedlichsten Musikern an jeder Ecke, die für das Fest schon üben. Den Karneval in Rio hätte Oma gerne miterlebt. Als ›Mädel mit rheinischen Wurzeln‹ fast ein Muss. Dafür haben wir bald die Aussicht auf ein vergnügliches Faschingstreiben.

Am späten Nachmittag auf dem Weg zurück ins

Hotel passieren wir »La Laguna«. Ein kleines Kolonialdorf, das zum Weltkulturerbe gehört. Zur gleichen Zeit wie wir trifft dort auch der Sahara-Sandsturm ein. Er taucht das Dorf in eine eigenartige farblose Stimmung. Man sieht die Sonne nicht mehr, das Licht ist eigenartig diffus, und so richtig will die Schönheit des Weltkulturerbes nicht zu uns durchdringen. Wohl aber die Musik der nächsten Kneipe. Also rein, denn der Sand fliegt schon so dicht durch die Luft, das lässt die Augen tränen. Außerdem werben sie mit Inselspezialitäten wie Ibérico-Schinken und Pecorino-Käse. Und der Kellner serviert uns noch ein kleines Bier dazu.

Jochen: »Prost! Auf Mutter. Das hätte ihr hier sicherlich sehr gut gefallen.«

Anja: »Salud!«

Jochen: »Aber gegen Naturgewalten kann sogar Oma nichts ausrichten. Allerdings wären wir sonst auch nicht in diese traditionelle, alte Kneipe gegangen.«

Anja: »... mit einem herrlichen Überangebot an Schinken und Käse!«

Jochen: »Da kommst du ganz nach Mutter.«

Anja: »Wenn es ums Essen geht, komme ich wohl eher nach Oma Mia.«

Jochen: »Oma Mia hätte den Schinken schon längst aufgegessen.«

Am nächsten Tag wird der Sandsturm immer dichter, das heißt, der Sand in der Luft wird immer greifbarer und die Temperaturen um einiges wärmer und tropischer, das Licht orangener, die Sonne hat keine

Chance mehr, zu uns durchzudringen. Man kann nur noch im Hotel bleiben, denn der Sand geht nicht nur in die Augen, sondern auch in die Atemwege. Kein Ende in Sicht ... verdammt. Ich wollte doch schon längst im Meer baden.

Anja: »Stell dir vor, Papa, wir hätten bei dem Saharasturm einen Ausflug gebucht?«

Jochen: »Darum heißt es für die anderen Hotelgäste ja auch *Ausfluch*!«

Also verbringen wir den ganzen Tag mit Kartenspielen auf unserem Zimmer und gehen nur kurz raus, um uns etwas zu essen zu kaufen. Wir haben das Hotelzimmer nämlich nur mit Frühstück gebucht. Am Abend erreicht der Sturm seinen Höhepunkt: Orkanböen um die 120 Stundenkilometer. Der Flughafenbetrieb wurde eingestellt, und es wird davor gewarnt, nach draußen zu gehen. Nach zwei Tagen, bei einem morgendlichen Blick aus dem Fenster, sieht alles sehr »verwüstet« aus. Der Sand in der Luft nimmt allmählich ab, und die Zerstörung wird nach und nach sichtbar. Der Pool ist ganz schwarz vom Sand – eine Palme ist sogar mitten in ihn reingefallen. Das war's mit dem Blick auf den türkisblauen Pool. Na ja, was soll's, Hauptsache, man kann wieder rausgehen. Ich drehe mich um und schlurfe mit den Flip-Flops ins Bad.

Anja: »Papa, schön, wie du das dreckige Geschirr immer nur im Bad abstellst. Das spült sich nicht von selbst. Und eine Spülmaschine gibt es hier auch nicht!«

Jochen: »Doch, die läuft schon. Hörste nicht?«

Anja: »Wie?«

Jochen: »Die machte grad *flip-flop*! *Flip-flop*!«

Übung macht den Meister

Als wäre nichts gewesen, liegen wir zwei Tage später wieder am türkisblauen, blitzblank gesäuberten Pool. Um mir nicht total faul vorzukommen, mache ich beim Animationssport mit. Mit Zwei-Kilo-Hanteln soll man Armbeugen machen. So 50 Wiederholungen. Ich komme mächtig ins Schwitzen und steige bei 35 aus.

»Es ist so lächerlich, dass ich das nicht kann«, rufe ich Papa zu, der entspannt auf der Liege liegt.

Jochen: »Wenn du es schon könntest, bräuchtest du ja nicht üben.«

Anja: »Stimmt auch wieder. Und was ist mit dir?«

Jochen: »Ich gucke dir zu und hebe immer mal wieder diesen Drink in die Höhe. Du weißt ja: Sport ist Mord. Nur Sprit hält fit!«

Corona ist nicht mehr nur ein Bier

Da ist er endlich, der Tag des großen Karnevals. Das Wetter ist blendend, vom Sahara-Sturmausläufer ist nur die warme Temperatur zurückgeblieben. 26 Grad am Tag und Abend.

Die ersten Schaulustigen stehen schon am Rand der Promenade und warten auf den Umzugscorso. Wir suchen uns ein schattiges Plätzchen und stellen neidisch fest, dass ein paar Zuschauer ihre eigenen Stühle mitgebracht haben. Aber zum Glück ist der Umzug so kurzweilig, da vergisst man gerne, dass man steht. Wir genießen vier Stunden lang die prächtigsten Kostüme, die kreativsten Ideen und die fantasievollsten Verwandlungen. Das allein ist schon diese Reise wert. Oma Maria hatte immer Bedenken wegen des langen Fluges nach Rio. Wenn wir gewusst hätten, dass der Karneval hier auch so großartig ist, wären wir ganz sicher noch mit ihr hierhergeflogen. Aber irgendwie ist sie ja auch dabei.

Nach dem Umzug geht der Rummel mit vielen bunten Lichtern, Fahrgeschäften und sogar einem Riesenrad in der Stadt weiter. Wir gönnen uns ein kleines Bier, für mich alkoholfrei, versteht sich, bevor ich uns mit dem Auto wieder zurückfahre. Wieder auf dem Hotelzimmer, macht Papa den Fernseher an.

Wir hören auf einem deutschen Sender den Nachrichtensprecher sagen: »... auch die Gäste müssen alle wegen Corona für 14 Tage in Quarantäne im Hotel bleiben. Keiner darf rein, und keiner darf raus. Die Regierung ...«

Jochen: »Hör mal, Mäuslein, die berichten wieder von dem Hotel hier nebenan.«

Anja: »Die Armen! Erst kann man nicht raus wegen

des Sturms und dann wegen des Virus. Das glaubt denen doch kein Mensch. Haben wir ein Glück, dass ich dieses Hotel stornieren musste. Hoffentlich hat sich bei uns keiner angesteckt.«

Jochen: »Ich hole uns mal was zu trinken!«

Anja: »Ein Corona?«

Jochen: »Da braucht es vielleicht was Stärkeres.«

Auch am nächsten Tag lässt uns Corona nicht los. Wer auf den Teide, den dritthöchsten aktiven Inselvulkan der Welt, fahren möchte, sollte für das letzte Stück, das man gewöhnlich nur mit der Seilbahn hochfährt, eine sehr warme Jacke mitnehmen und das Ticket vorher buchen.

Wir sind leider zu spät dran. Mittags sind alle Tickets vor Ort schon ausverkauft.

Jochen: »Da hat Mutter wohl geschlafen.«

Anja: »Es könnte aber auch daran liegen, dass Oma Höhenangst hat.«

Jochen: »Und was machen wir jetzt?«

Anja: »Wir fahren zu dem alten Drachenbaum oben an der nördlichen Küste.«

Jochen: »Mal gucken, wer älter ist?«

Anja: »Haha. Diesen Wettkampf gewinnt eindeutig der Baum. Der ist nach Schätzungen an die 400 bis 1000 Jahre alt.«

Also fahren wir auf der anderen Seite der schwarzen Vulkanlandschaft des Teide wieder alle Höhenmeter runter und stoppen an einer wunderschön angelegten

Serpentinen-Straße, inmitten eines saftig grünen Waldes. Auf einem Schild steht: »Parque Natural Corona Forestal«. Kein Witz, der Naturpark heißt wirklich so. Dass uns der Name so verfolgt ...!

Wir wiederum verfolgen weiter die raue, aber doch sehr grüne, mit Bananenplantagen übersäte Küstenstraße im Norden. Am Weg entlang entdecken wir endlich den beeindruckenden Drachenbaum, dessen abgebrochene Triebe meist erneut austreiben und in einer Verzweigung zwei oder mehr Triebe bilden. Wahrscheinlich erinnert das an die Geschichte mit dem mehrköpfigen Drachen, dem nach dem Abschlagen eines Kopfes mehrere neue Köpfe nachwachsen. Und bei Verletzungen des Stammes gerinnt das Harz dunkelrot und wird auch als »Drachenblut« bezeichnet. Ein toller Baum, der sich wie Oma Maria für sein Alter gut gehalten hat.

Am Abend bekomme ich eine Auftragsanfrage per E-Mail – und damit auch des Rätsels Lösung. Ich werde gefragt, ob ich die Gestaltung des Ausstellungskatalogs der Internationalen Bauausstellung Basel übernehmen möchte. Da ist es wieder, dieses Basel. Und ja, ich möchte, nur nicht mehr in der Verbindung mit einem Corona-Quarantäne-Hotel.

Te amo

Am letzten Abend beschert uns die Natur einen wunderschönen Sonnenuntergang, der am besten und

längsten von ganz weit oben auf einer kleinen Berg-
kette zu betrachten ist. Deswegen schnappen wir uns
unser Auto und parken am höchstgelegenen Parkplatz. In diesem Fall muss ich sagen: Wir sprinten regelrecht zum Auto, denn jede Minute bis zum Sonnenuntergang zählt.

Wir sind nicht die Einzigen, die diese Idee verfolgen.
Das eine oder andere Liebespaar findet sich auch an
diesem romantisch gelegenen Parkplatz ein. Papa und
ich steigen aus, setzen uns auf eine kleine Mauer und
bewundern das spektakuläre Naturschauspiel. Der
Himmel färbt sich von Orange zu Purpur und lässt
die Sonne schließlich ganz behutsam pinkfarben quasi
»ins Meer gleiten«. Ich vermisse Oma Maria in diesem Augenblick, drücke Papa ganz fest und sage: »Ich
hoffe, wir können noch viele solche Urlaube erleben.
Gesund und glücklich.«

Wir steigen dann wieder ins Auto, und beim Rück-
wärtsgang-Einlegen geht die Rückfahrkamera an und
zeigt uns ein höchst unerwartetes und überraschendes
Bild. Das Wort »OMA« ist eindeutig und sichtbar im
Display zu lesen. Es steht anscheinend auf dem Parkplatz geschrieben. Papa und ich schauen uns sehr verdutzt an.

»Papa! Das kann jetzt nicht sein, dass da ›Oma‹
steht, oder?«

Wir steigen beide gleichzeitig wieder aus, um uns
mit eigenen Augen davon zu überzeugen. Und ja, es
stehen sogar zwei Worte da. Auf den Asphaltboden
hat jemand »TI AMO« gesprayt. Die Kamera hat

aber nur »AMO« eingefangen und es gespiegelt ange-
zeigt: »OMA«. »Te amo« ist spanisch und heißt auf
Deutsch: »Ich liebe dich«. Danke, Oma, wir dich
auch. Und danke für diesen einmaligen Reiseschutz.

Lockdown

Zurück in Deutschland, geht es leider weiter mit Corona. Oder besser: Nichts geht mehr weiter. Da ist er
nun, der Virus, der die ganze Welt »in Atem hält«.
Wir halten Abstand und Regeln ein. Aber so richtig
weiß man nicht, was das alles soll. Aus einer Epidemie
ist nun eine Pandemie geworden, und irgendwie hat
jeder auf einmal Angst, die Krankheit zu bekommen,
jemanden anzustecken oder sogar daran zu sterben.
Vor allem die Risikokandidaten über 80 und die mit
Vorerkrankungen sind besonders zu schützen. Oma
Mia gehört ganz sicher zu ihnen – auch wenn ich mir
sicher bin, dass sie so schnell nichts umhaut. Sie liegt
eh schon. Das wiederum liegt am März, in dem es ab-
wechselnd mal kalt und mal sehr kalt ist. Deswegen
schläft Oma sehr viel. Wenn sie mal wach ist, braucht
sie zuerst ein ausgiebiges Frühstück, damit sie überhaupt ansprechbar ist.

Anja: »Omma, was sagst du denn zu Corona?«

Oma Mia: »Wat soll dat sein? Wahrscheinlich ir-
gendwat für junge Leute. Dat brauch ich nich mehr!«

Der Lockdown von März bis April gilt auch für Pflegeheime. Angehörige dürfen Bewohner nicht mehr besuchen, und der Kontakt über Telefon oder Briefe kann das nicht wettmachen. Wäre Oma Mia im Pflegeheim, wäre nicht Corona ihr Problem, sondern dass sie niemanden mehr hätte, der ihr einen Sinn gibt, morgens überhaupt aufzustehen. Der sie daran erinnert, viel Wasser und Tee zu trinken, der sie animiert, zu lernen, Rätsel zu machen, und sie in Bewegung hält, mit ihr singt und lacht. Sie nachts, wenn sie gefühlte einhundertmal »Uuuuuuuuute« ruft, beruhigt und wieder zudeckt. Kurz: Im Heim würde sie schon längst als bettlägerig eingestuft. Die Zeit, die Mama jeden Tag für Oma da ist, kann kein Heim dieser Welt bieten. Da wir tagtäglich sehen, was »Pflege« bedeutet, haben wir vor Kranken- und Altenpflegern großen Respekt und hoffen, dass sich bald an der Vergütung etwas ändert, denn sind wir mal ehrlich: Von Applaus allein kann man nicht leben.

Nach langer Ausgangssperre kann ich endlich wieder zu Oma Mia nach Prien fahren. Wenn ich wieder gehe, fragt Oma Mia Mama danach ständig Löcher in den Bauch, wann ich denn wiederkommen würde. Das geht oft tagelang. Die Antwort ist im Übrigen egal, denn die hat sie sofort wieder vergessen, aber für meine Mutter ist das sehr anstrengend. Deswegen habe ich zum Muttertag eine besondere Idee, die Mama das Leben etwas erleichtern soll. Ich lege Oma Mia einen Zettel auf ihren Stammplatz am Wohnzimmertisch, auf dem steht: »Anja kommt morgen wieder.« Auch wenn es nicht stimmt, aber meine Mutter hat sich sehr darüber gefreut, denn der Trick funktioniert super. Oma Mia ist jeden Tag voller Vorfreude und fragt nicht mehr nach, denn die Antwort steht ja direkt vor ihr. Aber leider, nach einer guten Woche hat Oma – vom Videotext abgeschaut – das Datum auf meinen Zettel geschrieben. Ich bin aufgeflogen und entsprechend echt baff. Ich wusste gar nicht, dass Oma immer noch den Videotext bedienen kann. Trotz ihrer Demenz ist ihre Schlauheit wohl noch lange nicht vergessen.

Kein Kuchen

Zur Abwechslung kommen die Ladys uns mal wieder in München besuchen. Nelli läuft als Erstes raus, um Mama und ihre Mutter zu begrüßen. Oma Mia ist noch vollkommen steif von der Autofahrt und kann sich daher gar nicht zu Nelli hinunterbeugen, um sie zu begrüßen. Da springt Nelli kurzerhand ins Auto auf ihren Schoß.

Oma Mia: »Huch. Wat freut sich der Hund denn so?«

Anja: »Dass du da bist, Omma! Und der ›Hund‹ heißt übrigens *Nelli*! – Mama, kann ich dir was abnehmen?«

Ute: »Du könntest Mammi aus dem Auto helfen. Ich bring die Sachen schon mal rein.«

Anja: »Na komm, Omma, wir ›zeitlupen‹ gleich mal zur Terrasse.«

Normalerweise braucht man für den Weg zur Terrasse 30 Sekunden. Nelli läuft den »Weg« in der Zeit viermal hin und her, wild mit dem Schwanz wedelnd. Oma Mias linker Fuß schleift noch etwas, ein Überbleibsel von einem unbemerkt gebliebenen kleinen Schlaganfall, den sie im Winter erlitten hat. Deswegen müssen wir seeeeeehr laaaaaaaaaannnnnggsaaaa aaaaammmmmmm gehen. Als sie den Kuchen auf dem frisch gedeckten Kaffeetisch entdeckt, werden die Augen größer, und es geht plötzlich etwas schneller voran.

Sie hat den *saftigen Mohnkuchen mit Streusel* entdeckt.

Zutaten:

100 Gramm Butter
400 Milliliter Vollmilch
200 Gramm Zucker
300 Gramm Mohn, gemahlen
(geschroteter Mohn ohne Zuckerzusatz)
Prise Salz
75 Gramm gemahlene Mandeln (man merkt auch hier wieder, wir haben eine Vorliebe für Mandeln)
250 Gramm Semmelbrösel / Paniermehl
1 Päckchen Backpulver
1 Birne
200 Gramm Schmand
5 Eier

Für die Glasur – wer es noch süßer mag:
80 Gramm Puderzucker mit 2 Esslöffel Zitronensaft

Zubereitung:

Eine 26 Zentimeter große Springform mit Backpapier auslegen, den Rand einfetten und mit Paniermehl bestreuen. Den Backofen auf 180 Grad (Ober-/Unterhitze) vorheizen.

Als Erstes die Mohnmasse zubereiten. Dazu die Butter in einem Topf schmelzen, Zucker und Milch dazugeben und aufkochen lassen. Sobald die Mischung hochkocht, kommen der Mohn und das Salz dazu, und alles darf circa zwei Minuten köcheln. Es sollte ein dicker Brei entstehen. Diesen abkühlen lassen.
In der Zwischenzeit die Birne grob reiben, das Kerngehäuse auslassen (die Schale kann man mitreiben). Mandeln, Backpulver und Semmelbrösel in eine Schüssel geben und gut vermischen. Danach den abgekühlten Mohnbrei, den Birnenabrieb, Schmand und die Eier dazugeben und mit einem Schneebesen gut verrühren. Den Teig in die Springform füllen und für circa 45 Minuten auf der zweiten Schiene von unten backen. Wer es süßer will, kann den Kuchen gleich noch warm mit dem Puderzucker-Zitronensaft-Gemisch glasieren.

Ich serviere ihn heute lauwarm, mit Sahne. Schade, dass die Zubereitung immer so lange dauert und das Schnabulieren so schnell vorbei ist. Oma Mia legt die Gabel beiseite, schiebt mir den Teller hin und fragt: »Bekomm ich noch ein Stück?«

Anja: »Ja klar, aber warte, ich mache noch ein Beweisfoto davon. Sonst glaubst du mir wieder nicht, dass es schon das zweite Stück ist.«

Oma Mia: »Ach, ich weiß doch, wat ich gegessen hab. Erst ein Stück.«

Anja: »Ja, das Problem ist, das sagst du nach jedem Stück!«

Oma Mia: »Ach? Is dat so? Muss ich dann jetz lächeln?«

Ute: »Mach doch gleich ein Filmchen.«

Oma Mia guckt mich schelmisch an und sagt, während auf dem Handy der Film läuft: »Na, krieg ich jetzt ein Stück Kuchen? Ich habe noch gar keins gehabt!«

Aus dem Häuschen

Tatsächlich bleibt es heute ausnahmsweise ohne zu murren bei den zwei Stücken, weil wir Kuchen und Teller schnell wegräumen, damit Oma diese nicht mehr sieht. Jetzt aber kommt die viel größere Herausforderung: Mama und das Online-Banking. Oma Mia legen wir auf die Sonnenliege mit einer dicken Kuscheldecke für ein Mittagsschläfchen neben uns.

Anja: »Also, Mama, dann mal los. Als Erstes müssen wir eine App dafür runterladen.«

Ute: »Wir machen das nicht mit dem Internet?«

Anja: »Doch, auch. Aber mit der App ist es viel leichter. Und ich glaube, ohne geht es auch gar nicht.«

Ute: »Dat versteh ich nicht! Wie machen denn all die Menschen dat, die kein Handy haben?«

Anja: »Mehr oder weniger muss das bald jeder.

Du weißt schon, schleichend will man uns das digitale Geld aufzwingen. Egal, also es ist ganz einfach, pass ...«

Oma Mia: »Ich habe Hunger.«

Ute: »Mammi, du hast grad genug gegessen.«

Oma Mia: »Hab aber immer noch Hunger!«

Ute: »Gib ihr bitte eine Pflaume.«

Anja: »Nach all dem Kuchen?«

Oma Mia: »Ich hab Hunger!«

Ute: »Hier eine Pflaume, Mammi, aber jetzt müssen wir uns durch die Bankpapiere wühlen. Schlaf noch ne Runde.«

Wir arbeiten uns durch Briefe, PINs, Geheimzahlen, Passwörter, Mama ruft dreimal bei der Bank an, wird zweimal vergeblich verbunden und diskutiert schließlich mit ihrer persönlichen Bankberaterin, die aber irgendwie auch nicht weiterhelfen kann und uns an ihren Kollegen verweist.

Oma Mia: »Ich habe Hunger!«

Anja: »Hier, Oma, noch eine Pflaume.« Sie kaut genüsslich auf der Pflaume herum. Aber kaum hat sie diese verdrückt, meldet sie sich erneut.

Oma Mia: »Ich hab Hunger!«

Ute: »Hier, Mammi, nimm die ganze Dose, dann ist aber gut. Ich muss jetzt noch mal mit den Bankberatern reden.«

Oma Mia: »Alles nur Pflaumen.«

Wir müssen lachen – sie hat die ganze Situation richtig erkannt.

So geht es dann noch eine ganze Weile. Mit der Bank und den Pflaumen. Bis es auf einmal »Stunk« gibt: Oma hat in ihre Windel gemacht. Also hieven wir sie zu zweit hoch und bringen sie zur Toilette ins Häuschen. Sie erkennt leider nichts wieder.

Oma Mia: »Wo bin ich hier?«
   Anja: »Bei mir zu Hause.«
   Oma Mia: »Und was mache ich jetzt?«
   Anja: »Wir bringen dich zur Toilette.«

Mama geht rein und hilft Oma. Unsere Gästetoilette befindet sich genau gegenüber der Haustür, die plötzlich aufgeht. Nick kommt von der Arbeit nach Hause. Im selben Moment geht auch die Toilettentür auf, und Mama und Oma kommen wieder frisch duftend aus dem Häuschen.

Oma Mia: »Wer is das?«
   Nick: »Hallo, Omma!«
   Oma Mia: »Wer is dat?« Sie schaut mich an.
   Anja: »Das ist mein Mann! Das ist Nick.«
   Oma Mia: »Wat will der denn hier?«
   Anja: »Na, der wohnt hier!«
   Oma Mia: »Nä, ich wohne hier.«
   Anja: »Nein, du bist zu Besuch bei mir und Nick …«
   Oma Mia: »Nein.«
   Anja: »Doch.«
   Oma Mia: »Nein, glaub ich nicht!«
   Anja: »Omma, doch!«
   Oma Mia: »Nein!«

Mama geht in die Küche, um etwas zu trinken zu holen, und ich gehe mit Oma, Nick und Nelli wieder auf die Terrasse. Oma Mia schaut Nick dabei die ganze Zeit verwirrt an.

Oma Mia: »Uuuuuuuuuute! Hier ist ein fremder Mann.«

Nick versucht, sie zu beruhigen, und redet ihr gut zu.

Nick: »Ich bin Anjas Ehemann und wohne hier mit ihr.« Oma sagt gar nichts mehr und starrt ihn einfach nur verständnislos an. Irgendwie finde ich, sind beide in dem Augenblick sehr tapfer. Die Situation ist echt nicht so leicht. Schließlich weiß Nick sich aus der misslichen Lage zu retten.

Nick: »Ach ja, ihr habt ein neues Auto bekommen.«

Oma Mia merkt ganz interessiert auf und fragt erstaunt: »Haben wir? Wat denn für eins?«

Nick: »Einen Opel.«

Oma Mia, erfreut: »Oh, dat is ja doll.«

Und dann erkundigt sich Nick nach ihren früheren Autos. Und plötzlich ist Oma ganz bei der Sache. Jetzt bin ich diejenige, die bei so viel Verständnis von meinem Mann ganz aus dem Häuschen ist.

Ich habe ein/en Rad/t für dich

Anfang Mai ist das Wetter leider nicht so prickelnd, deswegen wird es nichts mit dem Rausgehen. Also holen Mama und ich wieder den Hometrainer aus dem Keller.

Oma Mia: »Nee, ich will dat heute nich!«

Anja: »Das willst du nie, und danach gefällt es dir. Ich fahr als Erste eine Runde.«

Oma Mia: »Na gut, dann lass mich mal.« Wir helfen Oma ganz langsam auf den Sitz, und sie strampelt los. Dabei hält sie den Lenker so fest, dass ihre Fingerknöchel ganz weiß werden.

Anja: »Omma, lass mal etwas locker und sitz aufrechter. So geht das doch viel zu sehr ins Kreuz.«

Oma Mia: »Dat kann ich nich.«

Ute: »Gib ihr etwas Zeit.«

Anja: »Da fällt mir eine Geschichte ein, die mir Oma Maria mal erzählt hat. ›Anja-Spätzchen …‹, hat sie gesagt, ›… das Leben ist wie Fahrradfahren. Man kann zwar auch zu Fuß gehen, aber wenn man den Wind spüren und etwas Abenteuer erleben will, nimmt man das Rad. Man muss zwar erst lernen, wie man auf dem Fahrrad fährt, und fällt beim Ausprobieren auch mal hin. Aber irgendwann hat man es dann raus und fährt vergnügt vor sich hin. Dann klopft der Mut an und fragt, ob es auch freihändig geht? Das sollte man unbedingt probieren und seine Sorge überwinden, es könnte schiefgehen. Dann, auf einmal, kann man aufrecht sitzen und seine Arme nach rechts und links ausstrecken, und du lenkst aus deiner inneren Mitte heraus. Und dieses Gefühl in dir, Spätzchen, das musst du dir merken. Dann bist du frei. Und lass dir ja nicht einfach von jemandem in den Lenker greifen.‹«

Oma Mia nimmt daraufhin die Hände vom Lenker und streckt ihre Arme nach rechts und links aus: »Ich kann dat auch.«

Nichts schmeckt so gut wie gesund zu leben

Der Löwenzahn blüht derzeit wie verrückt im Garten. Ich muss schmunzelnd daran denken, dass Oma Maria sagte, dass sie am liebsten als Löwenzahn wieder aus der Erde wachsen würde, weil der so zäh ist wie sie und sie sich dann als Pusteblume auf der Welt verteilen könnte.

Man kann aus dieser schönen Pflanze aber auch Honig gewinnen. Meine mit mir Spanisch lernende Freundin, mit der ich mich seit Corona fleißig über Skype austausche, gibt mir ein köstliches Rezept zum Selbermachen. Sie hat es von »Ohlala & Solala« auf YouTube.

Ich koche also diesen veganen »Honig«, setze ihn ganz stolz Oma Mia und Mama vor, und was sagt Oma Mia, nachdem sie ihn probiert hat?

Oma Mia: »Is dat Rübenkraut?«

Anja: »Nein, Löwenzahnhonig!«

Oma Mia: »Den haben wir früher auch gemacht. Lecker. Aber schmeckt wie Rübenkraut!«

Ute: »Stimmt. Köstlich! Schmeckt tatsächlich etwas nach Rübenkraut! Wie hast du den gemacht?«

Anja: »Das Geheimnis ist eine Prise Rosmarin.

Kannst gleich mitkommen in den Garten und mir beim Pflücken helfen, dann machen wir einen zusammen.«

Zutaten für 600 bis 700 Milliliter Honig:

200 Gramm Löwenzahnblüten – wichtig: ohne Stiel, gewaschen
1 Liter Wasser
2 mittelgroße Zitronen, unbehandelt und biologisch (keine Kerne mitverwenden, die könnten Bitterstoffe abgeben)
1 bis 2 Orangen, unbehandelt, biologisch, Kerne entfernen
1 Vanilleschote
800 Gramm Rohrzucker
je nach Geschmack eine Prise Rosmarin

Zubereitung

Man sammelt gelbe Löwenzahnblüten und kocht diese mit Wasser, den in Scheiben geschnittenen Orangen und Zitronen für 45 Minuten ein. Dann lässt man den Sud 24 Stunden ziehen und presst die Masse durch ein mit Küchentuch ausgelegtes Sieb. Die Flüssigkeit mit 600 Gramm Rohrzucker und dem Vanillemark 75 Minuten sirupartig einkochen. Den Honig heiß in Schraubgläser füllen, Deckel drauf und auf dem Kopf gedreht abkühlen lassen. Vorsicht, die Gläser sind sehr heiß. Fertig!

Oma Mia: »Gibt et jetz auch Reibeplätzchen dazu?«

Anja: »Also, Omma, kannst du nur ans Essen denken?«

Oma Mia: »Ich denk dat nich. Dat kommt so.«

Anja: »Also los geht's, wo sind die Kartoffeln …?«

Der 37621ste Tag in Oma Mias Leben

Es ist der 103. (!!!) Geburtstag von Oma Mia. Unglaublich. Sie schläft sich langsam immer weiter in Richtung Oma Marias 108 Jahre. Wir stoßen im kleinen Kreis bei uns im Garten an, ehe wir am Wochenende mit der restlichen Familie in einem Café in Prien am Chiemsee feiern.

Anja: »Alles Liebe zum Geburtstag, Omma!«

Oma Mia: »Danke, Anja! Wie alt bist *du* jetz?«

Anja: »60 Jahre jünger als du.«

Oma Mia: »30?«

Anja: »Omma! Du bist doch schon viiiiiiel älter!«

Oma Mia: »Weiß nicht! Wie alt bin ich denn?«

Anja: »Heute 103 geworden!«

Oma Mia: »Donnerwetter! Bist DU schon alt!«

Für die große Familienfeier in Prien bekommen wir wegen der Corona-Epidemie einen Extraraum, sodass wir unter uns bleiben können. Mama und ich schmücken den Raum mit Luftballons, bunten Herzen, verteilen Glitter und hübsche Servietten auf dem Tisch und desinfizieren alles noch mal gründlich. Dann holen wir zusammen mit Felix das Geburtstagskind von zu Hause ab. Felix fährt für Oma das Auto besonders vorsichtig.

Anja: »Felix, ist ja süß von dir, aber Omma ist nicht aus Watte.«

Felix: »Ich fahre trotzdem lieber langsam.«

Anja: »Wenn du weiter sooooo langsam fährst, kommen wir erst zum 104. Geburtstag im Café an.«

Oma Mia: »Wir fahren in ein Café? Warum?«

Anja: »Wegen deinem Geburtstag.«

Oma Mia: »Gibt's da wat zu essen?«

Anja, Felix und Mama gleichzeitig: »Jaaaaaaa!«

Und nicht nur das. Als Überraschung ist ihr Sohn René extra aus Berlin gekommen. Übrigens erkennt Oma uns alle trotz Mundschutz sofort. Adrenalin im Blut ist nicht zu unterschätzen.

Anja: »Omma, wie alt willst du eigentlich werden?«

Oma Mia: »108 Jahre.«

Anja: »Wie kommst du darauf?«

Oma Mia: »Is Maria nich auch so alt geworden?«

Anja: »Woher weißt du das?«

Nick: »Ich habe vorhin mit ihr darüber gesprochen.«

Anja: »Das zählt nicht. Ich dachte, sie wüsste das von selbst.«

Oma Mia: »So wat kann ich mir doch merken!«

Auf den extragroßen Kuchen haben wir so viele Kerzen aufgesteckt wie möglich. 103 passten leider nicht drauf, dafür hätten wir schon ein ganzes Kuchenbuffet gebraucht. Oma versucht jetzt, die Kerzen auszupusten. Sie bemüht sich sehr, aber nicht eine erlischt. Mein großer Bruder stellt sich daraufhin leise hinter sie und pustet mit einem kräftigen Stoß alle Kerzen in einem Ruck aus. Jetzt macht Oma große Augen:

»Boah! War ich dat?«

Nach dem Kuchen gibt es noch Windbeutel mit Zimt, Sahne und Kirschen gefüllt. Gefolgt von einem Verdauungsspaziergang oder Verdauungsschnaps. Jeder wie er will. Ich will Oma Mia im Rollstuhl an die frische Luft schieben und ihr die alte Lok am Hafen vom Chiemsee zeigen. Die ist nämlich nur 30 Jahre älter als sie. Mama muss immer in Omas Nähe sein, und Nelli wiederum will immer bei mir sein. Irgendwie lustig, wie einer immer hinter dem anderen herläuft. Und so laufen wir im Gänsemarsch zum Hafen, Oma bestaunt noch das Riesenrad und schläft dann im Rollstuhl ein. Ist wohl nicht mehr spannend in ihrem Alter. Also schlendern wir wieder zurück.

Am Abend gibt es Chiemsee-Renke und einen Kaiserschmarrn zum Nachtisch. Und ganz wichtig: Eis. Mich macht diese Schlemmerei immer völlig müde, Oma Mia hingegen ist jetzt putzmunter. Nach einem weiteren Spezi beteiligt sie sich sogar heiter an Diskussionen über bewusste Ernährung, über das Genießen und über das, was im Leben und im hohen Alter noch zählt.

Während wir diskutierten, hat Oma ganz still und leise ihren Eisbecher geleert und greift nun mit der linken Hand schon nach Mamas fast vollem Eisbecher. Das bemerkt Mama gerade noch rechtzeitig und zieht ihn schnell wieder zu sich her.

Oma Mia: »Gib mir doch dat Eis!«

Ute: »Du hattest doch schon eins.«

Oma Mia: »Ja, aber ich weiß nich, wann ich wieder eins krich!«

Anja: »Morgen.«

Oma Mia: »Bis dahin isses noch lang!«

Jochen: »Was du heute kannst besorgen, das verschiebe nicht auf morgen!«

Oma eine Bitte abzuschlagen ist nicht einfach. Am Ende muss Mama ihren Eisbecher vom Tisch nehmen und ihn unterm Tisch versteckt essen. Oma Mia kuckt etwas bedröppelt in ihren leeren Eisbecher und fängt auf einmal laut an zu singen:

»An der schönen Donau …
Donau so blau
Durch Tal und Au
Wogst ruhig du hin
Dich grüßt unser Wien
Dein silbernes Band
Knüpft Land und Land
Und fröhliche Herzen schlagen …«

Wir werden alle ganz still und drehen unsere Köpfe bewundernd in Richtung Oma. Wo kommt das denn auf einmal her? Sie singt sehr konzentriert und ruhig und sieht dabei richtig selig aus. Und damit geht leider auch das schönste Fest wieder zu Ende.

Oma Mia: »Wat? Wir fahren schon wieder? Wir sind doch gerade erst zusammengekommen?«

Anja: »Oma, wir sind schon über acht Stunden hier.«

Oma Maria: »Dat ist doch nich lang.«

Anja: »Stimmt, im Verhältnis zu deiner Lebenszeit ... Du bist nämlich schon ...« Ich öffne den Taschenrechner auf meinem Handy. »... die Schaltjahre auch berücksichtigt ...« Ich rechne eine Weile still vor mich hin. »... 37 620,75 Tage auf dieser Welt!«

Oma Mia: »Dat gibt's doch nich!«

Anja: »Was wünschst du dir eigentlich für dein nächstes Lebensjahr?«

Oma Mia: »Ich möchte gerne zu René nach Berlin.«

Anja: »Das ist doch eine gute Idee.«

Ute: »Das machen wir!«

Jochen: »Wie viele Tage hat Oma Maria denn geschafft?«

Anja: »Mmmmmhhhh, also wären das 108½ Jahre mal 365,25 ... sind ...«

Oma Mia: »40 000 Tage?«

Anja: »Nicht ganz. Bei ihr waren es ›nur‹ 39 629,625 Tage.«

Kleine Schritte sind besser als keine

Man denkt gerne, dass sich im Alter manche Dinge nicht mehr lohnen. Meine Familie denkt das aber seit Langem nicht mehr, wir wurden ja durch die Omas eines Besseren belehrt. Zum Beispiel: Oma schleifte lange ihr linkes Bein hinter sich her, wegen besagtem Mini-Schlaganfall. Der Arzt meinte, das bleibe wahrscheinlich so. Mit Alzheimer wird das auch nicht besser, weil sie ja ständig ihr Bein vergisst. Er hat vielleicht Oma richtig eingeschätzt, aber definitiv meine Mutter *unter*schätzt. »Geht nicht!« gibt's nicht bei ihr. Und seit Neuestem läuft Oma wieder normal. Wie kommt das? Mama hat unermüdlich auf sie eingeredet, immer wieder an ihr linkes Bein zu denken: »Mammi, Kraft ins linke Bein!«

»Mammi, du hast *zwei* Beine!«

»Ja, so ist es super, und jetzt auch das linke Bein!«

»Machst du super so weit, geht es auch mit dem anderen Bein?«

Und so weiter. Darüber hinaus helfen auch viele Bäder mit Heilerde. Und wenn Oma Mia mal nicht laufen will, dann zählen sie gemeinsam die Schritte.

Ute: »Und eins! Und zwei! Drei! ... und, Mammi, komm: Mit dem linken Bein geht noch ein Schritt mehr!«

Oma Mia: »Nee, ich kann nur bis drei zählen.«

Welt-Oma-Tag

Es gibt tatsächlich einen *Welt-Oma-Tag*, und der findet immer am zweiten Sonntag im Oktober statt. Natürlich erinnern wir daran, indem ich mit Oma Mia auf Facebook etwas poste. Wir machen die Seite zusammen weiter, aber Oma Mia versteht nicht so viel wie Oma Maria davon. Trotzdem findet sie die Idee gut und den folgenden Gruß auch:

> +++ Von Herzen schicken wir ein Lächeln an alle Omas dieser Welt, die oft mit viel Liebe, Geduld und ganz selbstlos die Familie zusammenhalten, denn heute ist weltweiter Ehrentag der Großmütter. Und egal, ob sie schon lange verstorben sind, noch quicklebendig rumspringen oder »nur noch« zuhören können, sie sind immer ein Teil von uns. Geschichten über sie und mit ihnen halten sie und uns lebendig. +++

Wir fügen noch ein fröhliches Foto von Oma Mias 100. Geburtstag an, auf dem beide Omas und ich – in der Mitte – fröhlich lachend zu sehen sind. Ich erinnere mich noch gut daran, wie an dem Tag nach dem Kaffeetrinken die Journalisten und Fotografen einer berühmten Tageszeitung kamen, um Oma Mia zu interviewen, uns alle begrüßten und sich uns vorstellten. Oma Maria hatte bei der Begrüßung nur mit einem Ohr zugehört.

Oma Maria: »Ohhh, Sie sind ein Graf?«

Fotograf: »Nein, ich bin der *Foto-graf*!«

Oma Maria: »Ach so. Also nicht flirten, nur lächeln!«

Alles in Butter

Mir ist neulich eine Studie in die Hände gefallen, die besagt, dass sich Alzheimer vermeiden oder rauszögern lässt, wenn man auf Milchprodukte verzichtet. Studien sind immer mit Vorsicht zu genießen, aber in diesem Fall bin ich hellhörig geworden. Ich habe ja schon eine Aufstellung gemacht, in welcher ich die Leben meiner beiden Omas verglichen habe, eben speziell zum Thema Alzheimer.

Heute weiß ich, Oma Maria war laktoseintolerant. Sie hat das so nie betont, und es wurde auch nicht bei ihr diagnostiziert, aber ihr natürliches Essverhalten war davon geprägt. Milch und Joghurt hatte sie nie im Kühlschrank, und ihren Kaffee trank sie pechschwarz. Mit Sahne hingegen war sie nicht sparsam. Die musste auf jeden Kuchen drauf, gerne mit dem Argument: »Anja-Spätzchen, der Körper muss ja wissen, wogegen er kämpft!«

Gerne hat sie auch Harzer Käse gegessen. Deshalb musste derjenige, der den Kühlschrank öffnete, im selben Augenblick ausrufen: »Ich war's nicht!« – so stark hat sich sein besonderer Duft im Raum verbreitet.

Butter war auch wichtig. Butter liebte sie und musste überall verwendet werden. Sie hat mir mal erzählt, dass sie als Kind eines Tages von einem Erwachsenen gefragt wurde: »Is dein Vadder Muure (Maurer)?« – »Nein, wieso?«, entgegnete Maria. – »Na, weil du auf deinem Brot jedes kleine Loch mit Butter zuschmierst ...«

Seitdem weiß ich, wie ein Frühstücksbrot auszusehen hat. Wenn ich dann doch zu wenig Butter aufs Brot getan hatte, meinte Oma Maria jedes Mal: »Der Körper muss gut geölt werden!«

Früher habe ich mich darüber sehr gewundert, denn Butter ist ja aus Milch hergestellt. Heute weiß ich, dass Butter kaum noch Laktose enthält. Und Harzer Käse hat einen Laktosegehalt von unter 0,1 Prozent und gilt damit als laktosefrei.

Und was hat Oma Mia ihr Leben lang gegessen? Jeden Morgen eine Scheibe Brot mit Quark und Marmelade, dazu eine Tasse Milchkaffee. Demnach könnte man anhand meiner beiden Omas gut beantworten, ob Milchverzicht Alzheimer vorbeugt oder nicht. Außerdem war Oma Maria in dem Alter um einiges fitter im Kopf als Oma Mia. Sie hat kaum an Gedächtnisverlust gelitten. Allerdings beunruhigt mich diese These auch etwas, denn *ich* frühstücke jeden Morgen das Gleiche wie Oma Mia. Ich trinke allerdings die »Kaffee-Plörren-Variante« anstelle des Milchkaffees. Das bedeutet: viel heißes Wasser mit einem Hauch von Kaffee und einem Schluck Milch.

Okay, dann gibt es bei mir ab morgen keinen Quark mehr, aber weiterhin Butter.

Veganer haben keine Angst vor dem Tod, weil sie eh ins Gras beißen

Wegen der Sache mit der Milch nehme ich auch die Herausforderung meiner mit mir Spanisch lernenden Freundin an, mich vier Wochen lang vegan zu ernähren – also auf alle tierischen Produkte zu verzichten. So schwer kann das doch nicht sein! Bei einem noch ungetrübten Blick auf meine Einkaufsliste – Butter, Fleisch (Wurst mag ich eh nicht), Käääse (liebe ich), Quark, Joghurt, Milch, Eier, Orangen und Salat – fällt mir auf: Davon kann ich ja nur Letzteres kaufen! Ups! Und ich brauche doch noch Eier für den Kuchen. Oje! Heißt das auch keinen Kuchen mehr? Hinzu kommt, dass *ich* es vielleicht ganz gut schaffen würde, aber ich lebe ja nicht allein. Nick ist ja auch noch da, und er liebt Fleisch. Das wird heftig. Was mich aber beruhigt, ist: Bier und Chips sind bei veganer Ernährung erlaubt. Sehr zu meiner Freude macht Nick mit. Die Einzige, die jetzt noch bei uns im Haus Fleisch essen darf, ist Nelli. Es könnte also eventuell sein, dass wir eines Tages doch noch mal auf ihr Hundefutter neidisch werden.

Ich gestehe, dass ich die ersten vier Tage voll auf Entzug bin. Ich habe einen Tag lang starke Kopfschmerzen. So diszipliniert zu sein ist schon sehr anstrengend. Nick hat es dagegen leichter. Wenn er bei der Arbeit an nichts Veganes rankommt, verzichtet er einfach ganz aufs Essen. Ich kann das nicht, und meine Nussrationen erhöhen sich um das Hundertfache. Wegen der Corona-Epidemie werden wir immerhin nicht verführt, bei Freunden oder der Familie zu essen und dann als komplizierter Gast verschrien zu sein. Am Ende des vierwöchigen Verzichts versuche ich mich tatsächlich noch an einem veganen Kuchenrezept mit Margarine, wenig Rohrzucker, Walnüssen, Äpfeln und Dinkelmehl. Die Eier ersetze ich durch Hafermilch und Backpulver. Damit überrasche ich Papa, der gerade Mama und Oma Mia zu Besuch hat.

Oma Mia: »Oh, Kuchen!«

Anja: »Ähm, ja – optisch schon.«

Ute: »Ach, is der vegan? Da bin ich aber gespannt!«

Jochen: »Möchte jemand Sahne?«

Anja: »Ihr dürft gerne, aber ich nicht.«

Jochen: »Ach so. Nee, dann einer für alle und alle für einen!«

Oma Mia: »Ich nehme Sahne.«

Ute: »Aber, Mammi, das ist nicht vegan.«

Oma Mia, den Kopf schüttelnd: »Dat versteh ich nich. Wat heißt dat? Darf man da nur Kuchen essen?«

Anja: »Schön wär's. Man sollte nichts essen, was von Tieren stammt.«

Oma Mia: »Dat ist doch Apfelkuchen hier, oder?«

Anja: »Probieren wir mal.«

Jochen: »Ein bisschen trocken.«

Ute: »Mal was anderes.«

Oma Mia: »Wat is der denn so trocken? Jibbet keine Sahne?«

Anja: »Also a bissal freudlos ist das schon. Schmeckt, als hätte ich Sägemehl reingemischt.«

Jochen: »Wenn ich Sahne schlagen darf, nehme ich gerne noch ein Stück vom – ääh – ›Baumkuchen‹!«

Im Großen und Ganzen stehe ich der veganen Einstellung sehr positiv gegenüber und behalte mir entspannt und so unkompliziert es geht das neue Essverhalten bei. Statt Milch nehme ich Hafermilch und beschränke mich auf Parmesan und ein wenig Hartkäse. Allerdings bin ich gespannt, wie das an Weihnachten wird. Wobei, jetzt wird mir auch klar, warum Oma Marias Lieblingsplätzchen Mandelsplitter mit Zartbitterschokolade sind. Die sind nämlich vegan. Raffiniert, wie sich der Körper selbst richtig ernährt, wenn man nur auf ihn hört.

Das A und U im Leben

Ich bin mal wieder bei Papa zu Gast, der wiederum Oma Mia zu Gast hat. Es ist immer wieder erfreulich zu sehen, wie rührend er sich um seine Schwiegermutter kümmert. Ich bin im Gästezimmer, Mama ist im Keller, und Papa holt etwas aus dem Auto.

Oma Mia: »Uuuuuuuuuuuuuute!«
    Keine Antwort.
    Oma Mia: »Joooooooooooochen!«
    Keine Antwort.
    Oma Mia: »Aaaaaaaaaaaaaaaaaaaaanja!«

Ich muss schmunzeln – ich bin also in der Rangfolge die Nummer drei, aber als Erste auf dem Weg zu ihr. »Jooooooooooooochen!«, ruft sie wieder. Oh, Papa hat aufgeholt – er wird dieses Mal *vor* Mama gerufen. Jetzt weiß ich auch, warum Namen immer einen Vokal haben. Namen ohne Vokal könnte man nämlich nicht gut rufen. Inzwischen bei Oma Mia im Wohnzimmer angekommen, frage ich sie, was sie möchte.

Oma Mia: »Nix, aber hier ist ja niemand!«
   Anja: »Haha, ja, das kommt mal vor. Magst du was essen?«
   Oma Mia: »Wat jibbet denn?«

Man sagt ja, wenn etwas wichtig ist: »Das ist das A und O im Leben.« In Omas Fall ist es das A (für Anja) und U (für Ute) – und ein voller Kühlschrank.

Flaschengeist

Anja: »Papa, willst du deinen Kaffee mit nach draußen nehmen?«
   Jochen: »Ja, gerne. Mit Milch, bitte.«
   Nick: »Ich hätte gerne nur Milch.«
   Anja: »Ich habe aber nur Hafermilch.«
   Nick: »Ich bin doch kein Pferd!«
   Jochen: »Damit bekommst du immerhin vom Tierarzt die Erlaubnis, auf der Straße zu schei***!«
   Nick: »Außer in Wien.«

Ich bringe Papa und Nick die Getränke nach draußen. Wir stehen heute mit einer großen Bierbank auf der Straße vor unserem Haus, weil wir einen Flohmarkt organisiert haben. Alles muss raus. Vor allem Papa hat einiges von Oma Marias Geschirr und viel »Klimbim« mitgebracht. Der trägt zwar Erinnerungen in sich, ist aber leider auch Staubfänger.

Jochen: »Hier habe ich noch Mutters alte, große Vase und ihr Kaffeeservice. Willst du das haben?«

Anja: »Danke, aber wir haben schon zwei von Nicks Oma. Ich weiß beim besten Willen nicht, wohin damit.«

Jochen: »Also ab auf den Flohmarkttisch.«

Anja: »Das Kristall willst du auch weggeben?«

Nick: »Also, wir nehmen das nicht.«

Anja: »Aber daraus haben wir doch immer Eis gegessen.«

Jochen: »Kannst du gerne nehmen.«

Anja: »Nein, ich verabschiede mich jetzt ausgiebig davon und … und STOOOOPP, PAPA! Die Karaffe von Oma willst du auch hergeben? Aber kaufen wird die bestimmt keiner.«

Jochen: »Alles deins, Mäuslein! Bediene dich! Ich habe ja noch die andere.«

Unser Tisch ist voll mit Gegenständen, die Kleidung liegt in einem Wäschekorb, und wir diskutieren über die Preise und darüber, was gute Qualität ist, ab wann zu viel in den Schränken ist und was man wirklich im Leben braucht. Viel los ist nicht an diesem heißen

Herbsttag. Ein paar Familien schlendern vorbei, und Gassigänger mit ihren Hunden schauen vergnügt zu uns herüber. Ein Buch geht weg, Omas selbst gehäkelte Vorhänge beglücken eine ältere Dame, und zwei Kinder freuen sich riesig über Nicks alte Spielzeugautos. Dann spaziert ein älteres Ehepaar vorbei. Sie schaut sehr interessiert, er nicht. Ganz im Gegenteil. Als sie neugierig meinen blau gestreiften Pullover von allen Seiten betrachtet, wirft er seiner Frau einen drohenden Blick zu. Daraufhin legt die Frau meinen Pulli leider wieder beiseite. Ihr Mann ist ziemlich ungeduldig und will endlich weitergehen.

Frau: »Ich habe leider kein Geld dabei, aber was wollen Sie denn für den Pulli haben?«

Anja: »Fünf Euro!«

Jochen: »Wir nehmen auch Ihren Mann in Zahlung.«

Frau: »Oh, wenn das so ist, ich glaube, dann kann ich mir nur die CD für 50 Cent hier leisten.« Sie schlendert augenzwinkernd zu ihrem Mann zurück. Sie verspricht aber wiederzukommen.

Dann kommt ein Pärchen mittleren Alters um die Ecke. Diesmal zieht *sie* ihren Mann weiter, und *er* bleibt mit einem breiten Grinsen vor unserem Sammelsurium stehen. »Nein!«, sagt seine Frau, »keine Karaffe mehr!« Ich denke, ich höre nicht recht.

Anja: »Sie wollen die Karaffe? Wirklich?«

Spaziergänger: »Wir sind gerade aus Delmenhorst zu Besuch in Bayern, denn das mit dem Reisen ist ja gerade schwierig. Und dass ich ausgerechnet hier auf so eine schöne Karaffe treffe … aber tut mir leid, meine Frau erlaubt es mir nicht.«

Spaziergängerin: »Ja, mein Mann sammelt Karaffen.«

Anja: »Das glaub ich jetzt nicht.«

Jochen: »Die ist von meiner 108½-jährigen Mutter.«

Spaziergänger: »Das glaub *ich* jetzt nicht! Hat sie die freiwillig hergegeben? Wie wird man denn so alt?«

Jochen: »Mehr oder weniger freiwillig. Sie wird es nicht mehr erfahren.«

Mann: »Ah, verstehe. Also die ist wirklich etwas Besonderes. Ich würde sie gerne nehmen. Die fehlt noch in meiner Sammlung.«

Ich flüstere Papa zu: »Also, Papa, den Herrn hat doch Oma Maria selbst geschickt«, während seine Frau sich meinen alten Rucksack schnappt, der auch zum Verkauf steht, und die Karaffe darin verstaut: »Also, Walter, das ist jetzt aber wirklich die letzte.«

Walter: »108 ½. Also Ihre Mutter hätte ich ja gerne kennengelernt.«

Jochen: »Verraten Sie es nicht weiter, aber wenn Sie an der Karaffe reiben, erscheint ihr Geist!«

Walter reibt tatsächlich an der Karaffe, und ich laufe schnell ins Haus und komme mit einem breiten Grinsen und unserem Buch zurück.

Anja: »Ich habe zusammen mit meiner Oma ein Buch geschrieben. In gewissem Sinne ist ihr Geist darin auch verewigt. Das gibt es noch dazu«, und ich überreiche dem überraschten Walter das Buch. Sogar seine Frau staunt nicht schlecht.

Walter: »Na, Sie sind ja auch mal eine Erscheinung. Vielen Dank!«

Jochen: »Siehste, Mäuslein, wieder einen Menschen glücklich gemacht.«

Ansichtssache

Es ist Herbst, die Tage werden kürzer, und nach einem amüsanten Nachmittag verabschieden sich Oma Mia und Mama wieder von uns. Ich ratsche noch 20 Minuten mit Mama am Auto vor der Garage, während Oma Mia, schon im Auto sitzend, bereits eingeschlafen ist. Es ist dunkel geworden, und auch Nick kommt zu uns raus, um zu sehen, was wir machen.

Nick: »Anja, du hast schon wieder meine Jacke an.«

Anja: »Oh, sorry, zieh ich gleich wieder aus.«

Nick: »Nein, lass sie an. Du siehst so gut aus, wenn du dich als mich verkleidest.« Von dieser Unterhaltung wacht Oma auf.

Oma Mia: »Uuuuuute!«

Ute: »Ja, Mammi, ich bin hier«, und sie steigt zu Oma Mia ins Auto, während Nick und ich vor der Garage stehen bleiben und ihnen zuwinken.

Oma Mia: »Wo sind wir hier?«

Ute: »Bei Anja und Nick.«

Oma Mia: »Wie? Wohnen die in einer Garage?«

Anja: »Haha. Nein, Oma, wie kommst du denn darauf?«

Oma schaut verdutzt und versteht nicht, schaut Mama an und fragt sie noch mal: »Wohnen die in einer Garage?«

Anja: »Omma, nein, dahinten steht unser Haus.«

Oma Mia: »Dat seh ich ja nich, ich seh nur die Garage.«

Es gibt den Spruch: »Was ich nicht weiß, macht mich nicht heiß.« Für Oma Mia gilt: Was ich nicht seh, das ich nicht versteh!

Ich bin dann mal weg

Bevor der Herbst zu Ende geht, erfülle ich mir einen Wunsch, den ich schon seit Jahren hege: allein eine Zeichenreise in Spanien zu machen. Als Selbstständige ist es nur nicht so leicht, den richtigen Zeitpunkt dafür zu finden, denn man weiß nie, wann der nächste Job anklingelt. Wegen der Corona-Pandemie ist es aber auftragsmäßig ruhig geworden, und ich entscheide mich für Motive auf der Insel Mallorca. Da ich die Insel schon gut kenne, habe ich auch nicht das Gefühl, dort etwas zu verpassen, und kann mich entspannt auf das Zeichnen konzentrieren. Außerdem muss Nick sowieso arbeiten und bleibt daheim bei Nelli.

Jochen: »Wenn ich ganz leise bin und nichts sage, darf ich dann mitfahren?«

Anja: »Willst du echt mit? Langweilt dich das nicht?«

Jochen: »Ich würde auch für dich kochen!«

Anja: »Das ist natürlich ein köstliches Angebot, das ich nicht ausschlagen kann.«

Also passt Nelli auf Nick auf, ich buche zwei Flüge nach Mallorca und mache freiwillig einen Corona-Test. Wir wollen schließlich nichts Unerwünschtes mitbringen, denn bei uns in Deutschland sind die Zahlen höher als auf der Insel. Wir schützen uns quasi auch vor den hiesigen Hotspotgebieten. Außerdem sind wir Selbstversorger, weil wir in einem Appartement von Papas Freund unterkommen. Hier waren wir das letzte Mal 2016 mit Oma Maria und Nick. Schon komisch, dass wir dieses Mal ohne die beiden hier sind.

Auf der Insel ist – wie zu erwarten – nicht viel los. Gleich nach unserer Ankunft decken wir uns für eine gute Woche mit Lebensmitteln ein, damit wir weitere Kontakte so gut es geht vermeiden können.

Anja: »Zahl ich oder du?«

Jochen: »Mach du, ich zahl beim Bäcker!«

Anja: »Wo ist mein Geldbeutel?«

Jochen: »Guter Trick! Neuer Versuch!«

Anja: »Papa!!!! Nein! Er ist weg!«

Jochen: »Hast du ihn in Deutschland vergessen?«

Anja: »Ich habe doch gerade noch meinen Führerschein vorzeigen müssen!«

Jochen: »Du sollest das Auto auch nicht gegen dein Portemonnaie eintauschen … Wir wollten es doch nur mieten!«

Der Geldbeutel mit allen möglichen Karten und Aus-
weisen bleibt verschwunden und taucht auch den
ganzen Urlaub nicht mehr auf. Ohne Personalaus-
weis kommt man allerdings nicht mehr von der Insel
weg. Nicht, dass ich damit ein Problem hätte, wohl
aber Nick und Nelli, die fänden das sicherlich nicht so
lustig. Sehr erfreut aber sind meine neu erworbenen
Spanischkünste, die gleich vor Ort bei der Polizei und
beim deutschen Konsulat erfolgreich getestet werden.
Mit Oma Maria wäre mir das nicht passiert, denn wir
haben uns immer einen Geldbeutel geteilt. So haben
zwei Adleraugen stets das Geld im Blick gehabt. Na
ja, im Grunde ist es jetzt auch nicht anders, denn von
nun an teile ich mir den Geldbeutel mit Papa. Auch
ganz praktisch!

Zusammen ist man weniger allein

Auf der Insel sind alle Hotels verriegelt und verram-
melt. Nur wenige Cafés haben geöffnet, und auch in
der Hauptstadt Palma ist nicht viel los. Wir sind ausreichend mit Butterbroten ausgestattet, und unser Ziel
ist das Joan Miró Museum. Erstaunlicherweise hat es
wie alle Museen hier geöffnet. Es liegt oberhalb von
Palma mit einem fantastischen Blick aufs Meer. 2016
wollten wir das schon mit Oma Maria besuchen, damals war die Schlange am Schalter aber so lang, dass
Oma Maria keine Geduld hatte, so lange anzustehen.
Und den Bonus, mit dem Rollstuhl vorgelassen zu

werden, wollte sie nicht nutzen. Und wer hätte das gedacht: Vier Jahre später ist niemand da, nur wir und das Personal.

Über ein paar Stufen weiter oben innerhalb des Areals erreicht man das Atelier von Miró.

Anja: »Papa! Das gibt es nicht! Hier ist auch kein Mensch weit und breit.«

Jochen: »Stell dir mal vor, Mäuslein, du wärest ohne mich verreist. Wenn du daheim erzählst, dir gehört das Museum ganz alleine, und es würde dir keiner glauben, ist es schon praktisch, einen Zeugen zu haben!«

Anja: »Damit bin ich aber nicht mehr allein.«

Jochen: »Jetzt bist du aber streng!«

Anja: »Ich weiß. Aber eigentlich bin ich nicht streng, nur genau.«

Jochen: »Verstehe. Hast schon recht. Wissen kommt nicht von ungefähr, sondern von ganz genau.«

Ich setze mich an den Tisch auf der Terrasse, an dem Miró schon vor über 60 Jahren gemalt hat, und – male selbst. Papa spricht mit dem Museumswärter, macht Fotos und genießt die Atmosphäre. Es ist so wunderschön hier, wir wollen gar nicht mehr weg. Oma Maria wäre sicher auch entzückt gewesen. Man kann hier die Welt vergessen ... Wobei, das wollte Oma Maria gar nicht. Sie wollte lieber die Welt weiter erkunden. Und das machen wir jetzt auch. Und zusammen macht es sowieso mehr Spaß.

Nur nicht aufgeben!

Nach einer Woche mit erfülltem Herzen und vielen Zeichnungen im Rucksack, einem kleinen Leinwandbild 40 mal 40 Zentimeter unterm Arm, unseren Rucksäcken und zwei Koffern in der Hand, fahren wir mit meinem vorläufigen Pass wieder zum Flughafen. Unser Direktflug wurde gecancelt, weshalb wir einen neuen Flug mit Zwischenstopp in Köln bekommen haben. Beim Einchecken sagt die Dame vom Bodenpersonal zu uns: »Entschuldigung, aber das müssen Sie aufgeben.«

Jochen: »Was? Den Koffer? Den haben wir beim Hinflug auch mitnehmen dürfen!«

Dame: »Sie dürfen nur ein Handgepäck mitnehmen. Die Bestimmungen haben sich geändert!«

Anja: »Aber der Flieger ist doch fast leer!«

Dame: »Vorschriften sind Vorschriften!«

Anja: »Aber das ist doch auch Auslegungssache.«

Dame: »Tut mir leid. Ich habe die Regeln nicht gemacht.«

Jochen: »Kann schon mal vorkommen. Also zwei Koffer, bitte.«

Dame: »Das Bild auch! Macht dann pro Gepäckstück 45 Euro, also 135 Euro zusammen!«

Anja: »Wie bitte? Das kleine Bild auch?«

Dame: »Wenn Sie es in den Koffer bekommen?«

Anja: »Ich kann doch ein Gemälde nicht in meinen Koffer stopfen!«

Dame: »Dann müssen Sie es aufgeben!«

Anja: »Ich könnte es aber hinter meinen Rucksack schnallen!«

Dame: »Dann sind es zwei Gepäckstücke, und das geht nicht!«

Anja: »Wenn ich jetzt meine Jacke ausziehe und die an den Rucksack schnalle, sind das dann auch zwei?«

Jetzt wünsche ich mir wieder sehnlichst das Verreisen mit den Omas herbei, denn mit ihnen bekommt man immer einen Extraservice. Man darf mit ihnen als Begleitperson als Erstes den Flieger betreten, nutzt Sonderausgänge, und niemand ist pingelig mit dem Gepäck. Wir müssen tatsächlich die beiden Koffer und das Bild aufgeben. Da wir aber so spät dran sind, hat die Gepäckaufnahme schon geschlossen, und wir dürfen die Koffer auch noch selbst mit an Bord tragen. Papa lässt sich wenigstens noch einen Beleg geben, damit wir beim Umsteigen in Köln nicht noch mal zahlen müssen.

Drei Stunden später beim erneuten Aufgeben unserer Koffer in Köln sagt die Dame vom Bodenpersonal: »Sie müssen für das Gepäck extra zahlen!«

Anja: »Hahaaaaaa!«

Papa zeigt den Quittungsbeleg vor, daraufhin die Dame: »Der gilt nur für den ersten Flug.«

Anja: »Das macht keinen Sinn, denn *Sie* haben uns umgebucht. Wir hatten zuerst einen Direktflug nach München.«

Dame: »Tut mir leid!«

Jochen: »Ich möchte bitte Ihren Vorgesetzten sprechen.«

Sie steht auf, geht ins Hinterzimmer und spricht mit ihrem Kollegen, kommt wieder zu uns zurück und meint: »Alles in Ordnung. Ein Missverständnis. Sie müssen nicht noch mal zahlen!« Ich lege erleichtert die Koffer und das Bild auf das Band, als die Dame zu mir sagt: »Das Bild müssen Sie doch nicht aufgeben. Nehmen Sie das einfach so unter dem Arm mit in den Flieger. Das ist übrigens sehr hübsch!«

»Danke«, erwidere ich und freue mich, dass wenigstens hier die Auslegungssache noch klappt. »Dafür habe ich in Palma extra zahlen müssen. Jetzt ist es immerhin schon 45 Euro wert.«

Oktoberfest 2020 fällt aus ...

... deswegen ist jetzt herrlich Platz für eine Geschichte, die ich mit Mama und Oma Mia auf der »Oidn Wiesn« ein paar Jahre zuvor erlebt habe.

Die »Oide Wiesn«, zu Hochdeutsch »Alte Wiese«, ist ein kleiner Extrabereich, der an das Oktoberfest anschließt. Mit historischen Fahrgeschäften, Bier nach alter Brauart, Blasmusik und einem Museums-Wiesnzelt, wunderschönen restaurierten Fahrzeugen und traditionellen Geschäften kann man sich herrlich ins letzte Jahrhundert versetzt fühlen.

Ich habe damals mitten in der Stadt gewohnt, Nick kannte ich noch nicht, und Oma Mia war 98 Jahre alt und ihre Alzheimererkrankung kaum spürbar. Wenn ich so darüber nachdenke, kam sie mir damals sehr jung vor, weil sie noch so gut laufen konnte. Für längere Spaziergänge haben wir allerdings auch damals schon den Rollator eingepackt, denn auf den konnte sie sich gut setzen und geschoben werden.

Ursprünglich wollte ich mir einen entspannten Abend machen, auch wenn meine Freundinnen unbedingt auf die Theresienwiese gehen wollten. Aber es war der zweite Wiesn-Samstag, das ist das »Italiener-Wochenende«, an dem ist besonders viel los, und einen freien Biertisch zu bekommen ist fast unmöglich. Plötzlich klingelt mein Handy.

Ute: »Schatz! Gut, dass ich dich erreiche. Wo bist du denn? Wir wollen auf die Wiesn gehen. Omma kommt auch mit!«

Anja: »Ihr geht heute? Ich weiß nicht. Es ist doch Italiener-Wochenende! Da wird Omma sicher zerquetscht.«

Ute: »Wir stehen schon an der U-Bahn, Haltestelle Richtung Festwiese!«

Anja: »Ihr seid schon um die Ecke? Sag das doch gleich. Komme sofort runter.«

Mama weiß, wenn sie mich spontan anruft, bin ich sofort dabei, und ein Nein hätte sie sowieso nicht akzeptiert. Zehn Minuten später stehe ich im Dirndl an der U-Bahn-Haltestelle Richtung Festwiese.

Anja: »Hallo, Mama, hallo, Omma! Gut seht ihr aus!«

Oma Mia: »Du auch. – Guck mal, Anja. Dahinten gehen Kinder mit Flohmarktartikeln rum. Ich beobachte sie schon de janze Zeit. Die verkaufen Spielzeug aus ihrem Kinderwagen heraus und laufen damit den Bahnsteig rauf und runter.«

Anja: »Coole Idee! Ein Flohmarkt to go!«

Oma Mia: »Dat is 'ne Marktlücke!«

Ute: »Vor allem jetzt zur Wiesnzeit. Wartet, ich lauf da mal kurz rüber!«

Anja: »Mama, wir brauchen jetzt keine Bücher und auch keine Lampe! Außerdem fährt die U-Bahn gleich ein.«

Aber Mama lässt sich nicht beirren und geht zu den Kindern rüber. Ich frage mich, was sie wohl finden wird. Keine drei Minuten später kommt sie zurück. Oma Mia und ich schauen uns an und sagen wie aus einem Mund: »Den Puppenwagen?« Mama kommt mit dem kleinen, stylischen Kinderwagen aus den 60er-Jahren zurück, aus dem die Kinder ihre Sachen verkauft haben. Die halten jetzt nur noch eine Kiste in Händen und winken uns freudig zu.

Anja: »Was sollen wir denn jetzt mit dem Kinderwagen? Wir müssen doch schon Oma schieben?«

Ute: »Du weißt doch, wie lange ich schon nach so einem Puppenwagen suche. Es gibt keine Zufälle!«

Anja: »Soll ich den schnell heimfahren?«

Ute: »Nix da! Da kommen unsere Sachen rein: die gebrannten Mandeln und wat wir sonst noch so gewinnen!«

Oma Mia: »Anja, sach mal, wat ist eigentlich mit dir und 'nem Kavalier?«

Anja: »Omma, du kannst mir ja auf dem Oktober-fest einen suchen. Aber ich bezweifle, dass ich einen finden werde, wenn ich dich mit dem Rollator schie-be und Mama neben mir einen leeren Kinderwagen schiebt.«

Oma Mia: »Na, wenn wir jetz 'nen Kinderwagen haben, kommt sicherlich auch bald dat Baby!«

Anja: »Normalerweise ist das aber andersrum.«

Oma Mia: »Ach, Quatsch, bevor dat Baby kommt, haben se doch alle schon einen Kinderwagen gekauft! Dann suchen wir dir mal einen Kavalier. Der kann ja dann den Kinderwagen schieben.«

Zehn Minuten später sind wir bei der Festwiese.

Ute: »Ach, ist ja interessant! Wie sie uns alle schön den Weg frei machen.«

Anja: »Kein Wunder. Wir würden ja sonst ihre Füße mit unseren Fahrzeugen überrollen.«

Oma Mia: »Und wie se alle in den Kinderwagen gu-cken und lächeln.«

Anja: »Na, sie denken halt, da ist ein Baby drin. Würd ich auch denken. – Mama, schieb du ihn bitte wieder. Ich will lieber Oma stützen.«

Oma Mia: »Warte mal kurz, Anja, ich möchte hier beim Fräfall (Free Fall) zuschauen.«

Anja: »Nur schauen oder auch fahren?«

Oma Mia: »Biste verrückt! Nein, aber die Ansagerin is lustig. Die kommt sicherlich irgendwo ausm Pott! Anja, sei so gut, frag doch mal, woher se kommt!«

Also mache ich mich auf zum Kassenhäuschen.

Anja: »Entschuldigung, ich habe mal eine Frage. Meine Großmutter würde gerne wissen, ob Ihre Ansagerin aus Nordrhein-Westfalen kommt?«

Kassenmädel: »Kommet aus Deutschland!«

Anja: »Haha! Also dass NRW jetzt ein eigenes Land ist, ist mir neu. Aus welcher Stadt in Deutschland kommt sie denn?«

Kassenmädel: »Kommet aus Düsseldorf!«

Anja: »Ach. Gut. Vielen Dank!«

Während ich mich umdrehe und wieder zu Oma runterlaufe, sehe ich, wie neben meinen Damen ein fremder Mann steht. Na ja, er wankt mehr, als dass er steht.

Anja: »Omma, sie kommt aus Düsseldorf!«

Ute: »Dat hätt ich dir auch sagen können!«

Oma Mia: »Aber jetzt wissen wir's genau.«

Der Betrunkene schaut in den Kinderwagen, schaut Mama an, schaut wieder in den Kinderwagen, in welchem man vor lauter Jacken eigentlich nichts erkennen kann, und meint: »Hicks! Das ist aber nicht von Ihnen, oder?«

Oma Mia: »Nein, dat is ihr Enkelkind.«

Anja: »Omma, ich bin dein Enkelkind!«

Ute: »Sie meinte, *mein* Enkelkind.«

Betrunkener: »Guuuuuuuuuuuuuut. Hicks!«

Anja: »Mama, das wird langsam echt anstrengend. Wir kleben da jetzt einen Zettel ran: ›Hier ist kein Kind drin!‹«

Ute: »Ach, da musste drüberstehn!«

Anja: »Du hast gut reden. Du hast ja schon Kinder.«

Oma Mia: »Nimm ruhig wieder den Kinderwagen. Früh übt sich!«

Das lustige Treiben geht weiter, und nach einer Weile meldet sich Mama wieder zu Wort.

Ute: »Anja, du kannst den Kinderwagen doch nicht so lässig hinter dir herziehen!«

Anja: »Warum denn nicht? Dann bekomme ich wenigstens nicht mit, wie jeder da reinguckt und mich dabei freudig anlächelt.«

Ute: »Ist doch wat Schönes!«

Anja: »Lass uns lieber eine Runde *Fahrt ins Paradies* fahren. Omma, du auch?«

Oma Mia: »Wenn die so lange warten können, bis ich eingestiegen bin?«

Anja: »Ja klar, wir sind doch hier auf der historischen Wiesn. Da behandeln sie die ›historischen‹ Menschen auch besonders.«

Ute: »Und wieder ein Ansager aus dem Rheinland, wetten? Ich geh da gleich mal hin.«

Ich kaufe Karten für uns, erkläre der Kassiererin kurz, dass meine 98-jährige Oma auch mitfahren möchte und ob sie deshalb etwas aufpassen könnten, bis wir in Ruhe eingestiegen sind, bevor sie starten. Den Rollator stelle ich schon zum Ausgang. »Kein Problem!«, meint die Dame im Kassenhäuschen, und los geht's. Oma Mia hat ein breites Lächeln im Gesicht, und die erste Runde beginnt ohne Mama. Ich habe den Überblick verloren und weiß nicht, wo sie jetzt ist.

Ansager leicht singend im rheinländischen Akzent: »Und los geht's! Wir fahren wieder eine Runde. Und dat Besondere an diesem Karussell, et is von 1939! Achtung! Achtung! Wir fahren los und haben einen speziellen Gast an Bord. Eine ältere Dame, die mit ihren 98 Jahren noch älter als unser Fahrgeschäft is. Deswegen werden wir mehr langsame Runden als schnelle drehen!«

Anja: »Omma, hörst du? Der meint dich!«

Oma Mia: »Ja, jetzt sehe ich auch Ute. Sie steht da drüben beim Ansager.«

Anja: »... und bekommt das Mikrofon überreicht. Ich hab's geahnt.«

Ute: »Und los geht's ins Paradies! Genießen Sie es und halten Sie sich fest! Singen Sie mit bei ...« Und Mama schaut den Ansager an: »Welches Lied kommt jetzt?«

Anja: »Omma, erklär mir bitte, wie deine Tochter das immer macht!«

Oma Mia: »Sie macht halt.«

Ute: »Und weiter dreht sich das Karussell. Sie können sich auch Lieder wünschen. Für Sie kommt jetzt als Nächstes RO – SA – MUN – DE! Schenk mir dein Herz und sag Ja!«

Anja: »Haha! Omma, weißt du, wie das Lied weitergeht? Mit: RO – SA – MUN – DE! Frag doch nicht erst die Mama ...«

Und Oma und ich müssen laut lachen. Wir haben einen riesengroßen Spaß. Als wir wieder aussteigen, kommt uns Mama schon entgegen und hilft Oma beim Aussteigen.

Ute: »Du, Mammi, der war vielleicht nett. Kommt aus Köln und hat sieben Jahre gebraucht, um dat Karussell zu restaurieren. Dat war sein Kindheitstraum. Dann meinte ich, es sei schon immer mein Traum gewesen anzusagen. Und schwupps reicht er mir einfach so das Mikro. Wie hat es sich angehört?«

Anja: »Super! Noch etwas leise, aber sehr amüsant.«

Oma Mia: »Ich hätte jetzt gerne wat zu trinken.«

Anja: »Bekommst du. Und jetzt darfst du zur Abwechslung mal den Kinderwagen schieben. Ist quasi wie dein Rollator.«

Ute: »Nur ohne Bremsen!«

Anja: »... oder wie in alten Zeiten!«

Ein Lächeln im Gesicht

Im Dezember hat Papa neun Tage vor Oma Maria Geburtstag. Er hat eigentlich nur einen Wunsch: ab in den Süden beziehungsweise ab in die Sonne – wie Oma Maria damals. Überhaupt ähnelt er immer mehr seiner Mutter. Sein Lieblingspulli ist wie Omas: ein grauer Kaschmir-Pulli. Wenn ich's nicht besser wüsste, würde ich sogar sagen, es *ist* der Pulli von Oma. Aber den hat sie *mir* vererbt.

Auch an Oma Marias Geburtstag sitzen wir wieder zusammen am Esstisch, Papa hat wieder seinen grauen warmen Pulli an, »… deswegen brauchst du auch nicht mehr in den Süden zu fahren!«, scherze ich und schenke uns Prosecco ein. »Wahnsinn, heute, am 19.12.2020, hätte Oma Maria ihren 111. Geburtstag gefeiert! In liebevoller Erinnerung erheben wir das Glas und stoßen auf dich an. Ach, Mensch, Oma, ich vermisse dich so sehr!«

»Das Schönste, was ein Mensch hinterlassen kann, ist ein Lächeln im Gesicht derjenigen, die an ihn denken.« Ist ein wunderschöner Spruch von Theodor Fontane, der so wunderbar zu Oma Maria passt, und dieses Mal proste ich nicht, sondern poste ich ihn im Gedenken an sie auf Facebook. Und wenn ich an Oma Maria denke, ist das Lächeln nicht nur in meinem Gesicht, sondern auch in meinem Herzen.

Von süßen und anderen Kunsthandwerken

Bevor dieses Jahr an Weihnachten Mama und Oma Mia zu uns kommen, backe ich noch schnell *saftige Kokosmakronen*. Das duftet dann so schön, wenn man zur Tür reinkommt. Das Geheimnis von saftigen Makronen liegt übrigens im Frischkäse und dem Ei. Ja, ich hab auch große Augen gemacht, als ich von diesen Zutaten erfuhr. Leider ist beides nicht vegan, aber es schmeckt trotzdem köstlich.

Zutaten:

2 Eigelb
1 Ei
180 Gramm Zucker
1 Päckchen Vanillezucker
Schale einer geriebenen Bio-Orange
200 Gramm Doppelrahmfrischkäse
300 Gramm Kokosraspel
1 Prise Salz
150 Gramm Zartbitterschokolade

Zubereitung:

Das Backblech mit Backpapier belegen und den Backofen bei 180 Grad Ober-/Unterhitze vorheizen. In
einer Rührschüssel Eigelb, Ei, Zucker, Vanillezucker,
Orangeschalen und Salz mit einem Mixer auf höchs-
ter Stufe zwei Minuten schaumig schlagen. Frischkäse und Kokosraspel unterrühren. Ganz wichtig, wie
beim Rüblikuchen auch, hierfür nur einen Teigschaber
nehmen, sonst werden die Makronen nicht fluffig. Mit
zwei Löffeln kleine spitze Häufchen auf das Backblech
setzen und ab in den Ofen auf der zweiten Schiene
von unten für 10 Minuten. Makronen erkalten lassen,
und wer will (ich natürlich), taucht den Boden der
Makronen in die flüssige, heiße Kuvertüre. Vorsicht,
die machen süchtig!

Und schon klingelt es an der Tür. Oma Mia ist müde
von der Fahrt und möchte erst einmal auf unserem

Sofa eine Runde schlafen. Also schiebe ich sie sitzend auf dem Rollator auf direktem Wege ins Wohnzimmer. Dort hängt ein Kunstwerk von mir. Ein 1,50 mal 1,50 Meter großes, sehr helles abstraktes Bild ohne Rahmen. Ich habe es in Beige- und Grautönen mit Wischtechnik auf Leinwand gemalt. Sie sieht es, guckt mich an und sagt: »Oh, hier hat der Maler die Wand noch nicht fertig gemalt.« Sie hat die Sache mal wieder auf den Punkt gebracht, denn so könnte man das Bild auch beschreiben. Ich muss herzlich lachen.

Anja: »Nein, das ist ein Bild von mir!«

Oma Mia: »Oh, bist du damit noch nicht fertig geworden?«

Anja: »Doch, Omma, das ist Kunst!«

Oma Mia: »Dat versteh ich nich.«

Anja: »Wohl zu abstrakt!«

Oma Mia: »Mal doch weiter!«

Anja: »Das Bild ist schon fertig. Des hod ma heid aso!« (Das hat man heutzutage so – Zitat von Gerhard Polt beim Frisör.)

Ich decke sie mit einer Kuscheldecke zu und gehe wieder zu den anderen in die Küche. Als mein Onkel eintrifft, wecken wir Oma Mia wieder auf. Sie freut sich sehr, ihren Sohn zu sehen, lächelt, kann aber noch nicht so viel sagen, denn sie muss erst langsam wieder wach werden.

Nach dem Essen kommt die Bescherung. Oma Mia packt als Erste ihr Weihnachtsgeschenk aus. Es ist eine Schere, und sie schmunzelt.

206

Oma Mia: »Wat soll ich denn damit?«

Anja: »Ich schenke euch einen neuen Haarschnitt.«

Weil der zweite Lockdown zu schnell für das Tempo von älteren Menschen gekommen ist, konnten beide nicht mehr zum Friseur gehen. Deswegen übernehme ich dieses Kunsthandwerk jetzt auch. Ich würde nicht sagen, dass ich es kann. Aber der Vorteil ist, man darf ja gerade eh nicht viel unter Menschen gehen, deswegen sehen den neuen Haarschnitt auch nicht viele von ihnen. Außerdem bin ich mir sicher, bis wir wieder unter die Leute kommen, ist jeder noch so gute Haarschnitt auch wieder rausgewachsen.

Ute: »Oma sieht jetzt ein bisschen aus wie Mireille Mathieu.«

Anja: »Des hod ma heid aso! Omma, was sagst du zu deiner neuen Frisur?«

Oma Mia: »Wächst ja wieder!«

Anja: »Heißt das jetzt, es ist gut oder schlecht?«

Oma Mia: »Dat is gut!«

Ich weiß zwar nicht, ob sie damit meint, es ist gut, dass die Haare wieder wachsen, oder ob die Frisur gut ist, aber da sie den Kopf nicht geschüttelt hat, deute ich das als etwas Positives.

Als Nächste packt Mama ihr Geschenk aus. Ich habe sie mal vor 20 Jahren im Stuhl lesend gemalt. Auch abstrakt, und das bekommt sie jetzt feierlich überreicht. Sie packt es aus, und Oma bemerkt gleich: »Dat is ja Ute!«

Anja: »Ha! Na, geht doch! Also doch nicht zu abstrakt.«

Am zweiten Weihnachtsfeiertag besuchen uns Papa und Felix zu einem späten Frühstück, mit anschließendem langen Waldspaziergang mit Nelli. Am Abend packen wir weitere Geschenke aus und spielen Karten. Weil die Ausgangssperre ab 21 Uhr gilt und keiner von uns während der spannenden Spiele auf die Uhr gesehen hat, bleiben sie bei uns über Nacht, und wir spielen weiter. »*Mensch ärgere Dich nicht*« ist gerade besonders beliebt, denn keiner darf mehr aus seinem Häuschen.

An Neujahr gibt es immer einen »Kater-Spaziergang« mit Hund. Dieses Jahr mal ohne den »Kater« – sehr zur Freude von Nelli, da wir deshalb viel weiter und länger Gassi gehen können.

JAHR 2021
Oma Maria (111) und Oma Mia wird 104

Farbe ins Leben

Im Dezember habe ich meine erste Kunstausstellung in München eröffnet. Für genau zwei Tage, dann kommt der zweite Lockdown, und ich muss die Galerie wieder schließen. Deswegen gibt es nur noch Privatführungen. Eine davon ist auch für Oma Mia. Sie reist mit Mama im Auto an, und sie parken gleich vor der Ausstellung. Langsam betritt sie den Laden und ist ganz erstaunt, wo sie sich befindet. Wir verweilen vor einem der Bilder, und sie schaut nur und sagt nichts.

Anja: »Gefällt dir das Bild?«
 Oma Mia: »Da kann man ja nix erkennen.«
 Anja: »Das ist abstrakte Kunst.«
 Oma Mia: »Dat versteh ich nich.«
 Anja: »Da muss man nichts verstehen. Entweder es gefällt oder nicht.«
 Oma Mia: »Wat mach ich dann damit?«
 Anja: »Sich daran erfreuen!« Ich schiebe sie weiter zu einem Bild, auf dem das Meer mit Booten zu sehen ist.
 Oma Mia: »Dat is schön! Wo ist dat?«

Anja: »Das habe ich auf Mallorca gemalt.«

Oma Mia: »Schön. Da will ich hin.«

Anja: »Ich auch, aber das dauert noch ein bisschen.«

Oma Mia: »Dann nehm ich dat Bild!«

Dieser Lockdown macht es einem nicht leicht. Man wird noch ganz verrückt vor lauter Zahlen, Informationen und sich ständig ändernden Vorschriften. Alles ist immer wieder anders, nur der Virus bleibt. Was aber diesen Winter in Bayern noch unterhaltsamer ist, ist das Wetter. Das neue Jahr begrüßt uns mit einer dichten, hohen Schneeschicht: Endlich wieder Winterwonderland! Skifahren ist nicht erlaubt, und Schlittenfahren geht auch nur an hügeligen und einsamen Stellen. Wer es noch schafft, spaziert um den Spitzingsee, bevor das Gebiet auch geschlossen wird.

Tja, was macht man jetzt mit dem großartigen Wetter am Stadtrand, wenn kein Wintersport erlaubt ist? Nick und ich bauen uns eine Eisstockschießbahn im Garten.

Dafür bekommen wir die alten Holzpaletten vom Nachbarn, schrauben die nacheinander zu einer geraden Bahn zusammen und legen eine Folie darüber. Jetzt nur noch das Wasser einlaufen lassen und warten, bis die Schichten gefroren sind. Das dauert zwei Tage und Nächte. Alte Eisstöcke haben wir noch von Mama und Papa. Und los geht's.

Und weil »Sport« mit Abstand im Freien auch mit einem weiteren Haushalt erlaubt ist, schreibe ich meiner Nachbarin per WhatsApp: »Wir haben alles fertig.

Alte Eierstöcke habe ich noch hier. Du brauchst nur gute Laune mitzubringen.«

Ja, richtig gelesen. Die Rechtschreibkorrektur hat aus Eisstöcken Eierstöcke gemacht, und ich habe es zu spät bemerkt. Meine Freundin antwortet: »Vielen Dank, ich habe tatsächlich auch eigene EiSstöcke ;-) Freu mich auf nachher!«

Ein Milchreis geht auf Reisen

Das Praktische bei zwei Omas ist: Es gibt auch zwei beste Milchreise (heißt das so?). Oma Mia kochte den Reis mit Milch und einer guten Prise Salz. Dazu gab es Zimt und Zucker. Oma Maria hat erst nur den Reis im Wasser fertig gekocht und dann mit selbst gemachtem Vanillepudding gemischt. Dazu gab es Himbeersauce.

Ich mache heute die etwas salzigere Variante von Oma Mia mit Zimt und Zucker und heißen Himbeeren. Kaum ist der fertig, klingelt es an der Tür.

Oh! Wie schön! Auf den Spontanbesuch von Oma Mia und Ute, die auf Durchreise sind, waren ich und die kleine Menge Milchreis allerdings nicht eingestellt.

Ute: »Wir kommen nur kurz rein. Mmmmhh, wat duftet et hier so gut?«

Anja: »Milchreis mit Himbeeren!«

Ute: »Isst du den Milchreis jetzt schon allein oder später mit Nick?«

Anja: »Na, eigentlich mit Nick. So viel habe ich auch nicht gekocht!«

Oma Mia: »Ich kann auch jetz mit dir essen. Zu zweit essen is schöner.«

Anja: »Ich habe so einen Hunger. Ich könnte jetzt selber schon für zwei essen.«

Oma Mia: »Aber wat is denn dann mit Ute?«

Ute: »Wir essen lieber nicht mit, sonst bleibt nichts mehr für den Nick übrig.«

Oma Mia: »Oder ich esse, und ihr hebt wat fürn Nick auf.«

Anja: »Ich gebe euch einfach eine Portion mit!«

Oma Mia: »Zwei! Für mich auch.«

Es heißt wohl Milchreise. Und tschüss! Ich habe Nick und mir dann einfach Pizza bestellt.

Lachen erlaubt, Teil 1

Nick: »Ich habe einen Schlagzeilen-Witz für euch: Oma schläft in Sauna ein.« Oma Mia schaut Nick nur schräg von der Seite an.

Anja: »Wo ist da der Witz?«

Nick: »Kommt noch: Hilde gart!«

Und Oma lacht!

212

Lachen erlaubt, Teil 2

Ich habe neulich einen sehr treffenden Satz in der Zeitung gelesen. Er ist von Drauzio Varella, Nobelpreisträger für Medizin, Onkologe und Autor aus Brasilien. Der Satz lautet: »Wir investieren fünfmal mehr in Medizin für männliche Potenz und Silikon für Frauen als für die Heilung von Alzheimer. In ein paar Jahren haben wir alte Frauen mit großen Titten, alte Männer mit hartem Penis, doch keiner kann sich erinnern, wozu.«

Männerhaushalt

Ich sitze mit Nelli bei Papa im Wohnzimmer und studiere die Zeitung. Nelli zerlegt genüsslich eine Walnuss vor meinen Füßen, und Papa kruschelt in der Küche, aber nicht, um zu kochen. Wo Oma Maria früher ihre Kochbücher und Vorräte aufbewahrt hat, hat Papa sich ja wie bereits erwähnt eine Werkbank eingebaut, mit allem möglichen Werkzeug, Bastelbedarf, Minisägen et cetera. Eigentlich logisch, könnte man jetzt denken, ein typischer Männertraum, doch ich muss immer noch schmunzeln, dass die kleine Küche jetzt so anders aussieht. Papa kocht auch jeden Tag für sich selbst. Meist dünstet er irgendein Gemüse, macht einfache Gerichte und isst größtenteils vegetarisch. Vor Corona war er viel unterwegs, hat auswärts gegessen oder mit Freunden gekocht. Jetzt werkelt er in der Küche an einem kleinen Minibilderrahmen für mich rum, schraubt, schneidet, aber auf einmal höre ich ein »Autsch« und »Verflixt«, schaue auf und sehe Blut spritzen. Nichts Ungewöhnliches für einen ehemaligen Küchenraum – nur dieses Mal ist quasi der Koch blutig und nicht das Steak. Nelli und ich springen auf und eilen zu Hilfe.

Anja: »Was ist passiert?«

Jochen: »Ich bin mit meinem Unterschenkel an eine herausragende, spitze Eisenstange geraten.«

Anja: »Ach, Mist! Zeig mal her.«

Jochen: »Die hat aber auch nix gesagt …«

Anja: »Was soll sie denn sagen? Eine Beschwerde einreichen, dass du sie nicht richtig verstaut hast?«

Jochen: »Haha. Die wollte wohl eine Vorrangstellung bei mir einnehmen!«

Anja: »Also nähen muss man es nicht. Ein Pflaster reicht! Wo sind die?«

Jochen: »Schau mal im Bad.«

Nelli und ich gucken im Bad nach – nichts! Durchstöbern die Abstellkammer – nichts! Durchwühlen Omas alten Nähkoffer – nichts! Öffnen jeden Schrank im Schlafzimmer – gar nichts!

Anja: »Papa, hast du überhaupt Pflaster?«

Jochen: »Ganz sicher, ich habe sie letzten Monat erst gekauft. Die müssen doch irgendwo sein!?«

Nachdem wir alle drei die ganze Wohnung auf den Kopf gestellt haben – sehr zum Vergnügen von Nelli, die dachte, wir suchen nach Leckerlis für sie –, hat Papa mittlerweile zwei Taschentücher durchgeblutet.

Jochen: »Mutter, dein Einsatz! Wo sind die Pflaster?«

Und wie schon erwähnt, die beiden haben eine echt gute Connection. Oder Oma wacht immer noch über ihren geliebten Küchenbereich. Ich kann nicht genau sagen, was stimmt.

Vor Kurzem hat Papa seinen Geldbeutel verlegt und drei Tage gesucht, bis er meinte: »Mutter, hast du eine Idee? Ich muss jetzt dringend mal wieder was einkaufen.« Als er dann fünf Minuten später nicht wie üblich zum Einkaufskorb griff, sondern sich intuitiv einen Jutebeutel schnappte – den er sonst nie benutzt –, fühlte er darin plötzlich seinen Geldbeutel, der da wohl reingefallen war.

Und jetzt? Er steht immer noch vor der Werkbank, und ihm fällt plötzlich ein Bleistift auf den Boden, der unter die Werkbank rollt. Er kramt ihn wieder hervor, und dabei fällt sein Blick direkt auf die Pflaster, versteckt hinter dem Walnusskorb zwischen Papier und für mich undefinierbarem Werkzeug.

Jochen: »Na, geht doch! Danke, Mutter.«

Anja: »Haha. Alles klar. Warum hast du denn die Pflaster da versteckt?«

Jochen: »Man muss nur wissen, wo. Dann gibt es keine Verstecke.«

Anja: »Genau. *Mann* muss nur wissen …! In diesem
Fall war es dann wohl eher Frau. Haha!«

Jochen: »Ist halt immer noch Mutters Revier.«

Wir bleiben in Schwung!

Es ist Anfang März. Allmählich kommt der Frühling,
die ersten Winterlinge und Schneeglöckchen blühen,
die Landschaft verändert sich, Corona bleibt hartnä-
ckig. Langsam purzeln nach und nach die Geburts-
tage in der Familie wieder rein, aber es wird natürlich
nur im kleinen Rahmen gefeiert, dafür viel telefoniert.
Mama möchte allerdings auf ihren 77. Geburtstag mit
uns persönlich anstoßen, also kommen die Damen seit
langer Zeit mal wieder zu uns nach München.

Es ist ein angenehmer Tag, sodass man mit Jacke
gut draußen sitzen könnte. Aber Pustekuchen, kaum
kommen sie angefahren, fängt der Wind an, immer
stärker zu werden. Wir machen trotzdem noch ein
Foto draußen im Garten mit den schönen Krokussen,
aber es dauert, bis jeder mal keine Haare im Gesicht
hat und kein komisches »vom Winde verwehtes« Gesicht zieht.

Oma Mia: »Wat machen wir denn hier draußen so
lang?«

Ute: »Ein Foto!«

Oma Mia: »Warum dat denn?«

Anja: »Mama hat Geburtstag!«

Oma Mia: »Dat hat se doch drin auch! Et is kalt!«

Anja: »Haha. Ja, da haste recht, aber die Blümchen sind so schön hier.«

Oma Mia: »Dann nimm doch ein paar mit rein.«

Warum eigentlich nicht? Aber soll ich jetzt ernsthaft Krokusse ausbuddeln? Nee. Bis wir drin sind, hat Oma das eh wieder vergessen und sieht nur noch den Kuchen auf dem Tisch.

Oma Mia: »Wat ist dat für lecker Kuchen?«

Anja: »Käsekuchen für Mama zum Geburtstag!«

Oma Mia: »Krich ich da auch wat von?«

Anja: »Klar. Oder willst du lieber was von dem Mandelsplitterkuchen?«

Ute: »Wow, du hass gleich zwei Kuchen gemacht?«

Anja: »Ich konnte mich nicht entscheiden. Und den Splitterkuchen kann man lange aufbewahren. Wobei, wenn ich Omas hungrige Augen sehe ...«

Mama: »Und, oh! Wat is dat denn?«

Anja: »Das ist noch ein Geschenk von Nick an dich!«

Oma Mia: »Ich möchte schon mal Kuchen, bitte.«

Und das Rezept für den *Käsekuchen ohne Boden* ist schnell gemacht. Erwähnt habe ich ihn schon im ersten Buch. Es ist nämlich mein Lieblingskuchen. Und nachdem ich viele Anfragen zu dem Rezept bekommen habe, hier für alle.

Zutaten:

6 Eier
1 Kilo Quark (500 g Magerquark, 500 g Halbfettstufe)
150 Gramm Zucker
2 Päckchen Vanillezucker
1 ungespritzte, große Zitrone
250 Milliliter geschlagene Sahne
1 Päckchen Vanillepudding
30 Gramm Grieß
Eine Prise Salz

Zubereitung:

Das Eiweiß mit 100 Gramm Zucker steif schlagen und in den Kühlschrank stellen. Dann die Eigelbe mit dem restlichem Zucker, Vanillezucker, der Prise Salz und einem Esslöffel warmem Leitungswasser fünf Minuten cremig rühren. Anschließend den Quark, Zitronensaft, etwas geriebene Zitronenschale, den Vanillepudding und den Grieß unterrühren. Den Eischnee und die geschlagene Sahne vorsichtig unterheben (nicht mit dem Mixer). Man kann statt der Sahne auch Schmand benutzen und sich damit das Sahneschlagen sparen. Die Masse in eine runde, mit Backpapier ausgelegte Springform füllen und diese für 60 Minuten in den bei 200 Grad vorgeheizten Backofen (Ober-/Unterhitze) stellen. Bei unserem Ofen muss ich nach 45 Minuten eine Alufolie über den Kuchen legen, sonst wird der Kuchen oben zu dunkel. Am besten lauwarm servieren. Schmeckt hervorragend mit Beeren jeglicher Art.

Während ich Oma ein Stück Kuchen mit heißen Himbeeren gebe, packt Mama das Geschenk von Nick aus. Es ist ein Drehkissen für den Autositz. Es soll Mama helfen, Oma leichter ins und aus dem Auto zu bugsieren, weil Oma ihre Beine nicht mehr von alleine vom Sitz zur Tür schwingen kann. Mama ist begeistert.

Anja: »Das Kissen probieren wir gleich mal hier aus. Achtung, Omma, ich hebe dich mal kurz hoch.«

Und sie landet mit einem Plumps wieder auf dem neuen Drehkissen. Ich schwinge sie auf der Küchenbank von rechts nach links und wieder andersherum. Das macht auch mir Spaß.

Oma Mia: »Wat macht ihr denn da mit mir?«

Ute: »Wir bringen dich in Schwung!«

Anja: »Ja, so ganz ohne Alkohol.«

Oma Mia: »Dat fühlt sich aber ähnlich an.«

Anja: »Das wollen wir erst einmal sehen!« Ich hole den Likör aus dem Schrank. »Prost! Auf dich, Mama! Und wie super du das mit 77 immer noch mit Oma meisterst.«

Oma Mia: »Dat is lecker! Noch einen, bitte. Und Ute wird 77? Da brauchen wir doch einen Schnaps!«

Anja: »Schnaps nur für das Geburtstagkind.«

Oma Mia: »Und wann hab ich?«

Anja: »Das dauert noch vier Monate.«

Oma Mia: »Und wie alt werde ich dann?«

Anja: »104!«

Oma Mia: »Boah! Dat is doch jetzt schon 'nen Schnaps wert!«

Ute: »Richtig. Worauf warten?«

Anja: »Ja, genau, worauf wartet man eigentlich immer? *Jetzt* ist immer gut!«

Vergessen hält jung

Oma Mia, Mama, Nick und ich schauen fern. Wir kucken *Germany's Next Topmodel* und essen dabei Chips.

Oma Mia: »Uuuuuuuuuuuuuuute!«

Keiner rührt sich, denn es geht bei Heidi jetzt um die spannende Entscheidung, welches Model die Sendung verlassen muss.

Oma Mia: »Anjaaaaaaaaaaaaa!«

Ich reagiere auch nicht, denn ich weiß ja, sie will nur an die Chipstüte, und die ist inzwischen leer.

Oma Mia: »Nick!«
Hat Nick ein Glück: Das »i« in »Nick« zieht sie nicht so lang.
Anja: »Omma, jetzt haste wieder alle durch. Aber wir haben leider keine Chips mehr.« Wir schauen weiter.
Oma Mia: »Ilona!«
Nick schaut sich um: »Was? Wer?«
Oma Mia: »Ilona!«

Nick schaut mich überrascht an: »Wer ist Ilona?«

Anja: »Mama heißt mit zweitem Vornamen Ilona.« Und ich muss lachen. Raffiniert. Mama gibt ihr noch was von ihren letzten Chips. Oma ist wieder still. Die Sendung läuft weiter.

Oma Mia: »Was macht der Mann da?«

Anja: »Der fotografiert die Mädchen!«

Oma Mia: »Was machen die Mädchen da?«

Anja: »Die wollen Models werden!«

Oma Mia: »Mannequins meinst du!«

Anja: »Heute sagt man Model.«

Oma Mia: »Ute, schmeiß das Mannequin doch endlich raus. Das nervt!«

Anja: »Haha, Omma, das darf nur Heidi!«

Oma Mia: »Wer ist Heidi?«

Anja: »Heidi Klum. Sie moderiert die Sendung!«

Oma Mia: »Kenn ich nich!«

Und so geht das ewig weiter. Oma hat gemerkt, dass Heidi auch nichts zu essen hat, und fängt wieder von vorne an. Ich hole ein Bonbon, das gibt uns wieder 15 Minuten Lutsch-Ruhepause.

Oma Mia: »Warum liegt da ein Geschenk?«

Anja: »Das ist noch für Mama zum 77. Geburtstag!«

Oma Mia: »Du bist 77, Ute? Kann gar nich sein!«

Ute: »Warum nicht?«

Oma: »Dann wäre ich ja schon über 100?«

Anja: »Bist du ja auch!«

Oma: »Nee! So alt bin ich sicher nich.«

Anja: »Wie praktisch! Wenn man sein Alter vergisst, hält das auch jung!«

Das Überraschungsei

April! April! Das Wetter macht, was es will.

Vor zwei Tagen hatten wir schon fast Sommer, und heute wechselt es sich im Viertelstundentakt ab. Schauer, Sonne, Regen, Hagel, Wolken. Das Wetter zeigt sein spektakulärstes Repertoire. Und an so einem Tag kommt mein Onkel aus dem sonnigen, warmen Berlin, um seine Mutter kurz vor Ostern zu überraschen. Wobei für Oma Mia ihr ganzes Leben inzwischen wie ein Überraschungsei ist. Alles, was wir ihr erzählen, vergisst sie sofort wieder. Sie weiß nie, was oder wer kommt. Geplant ist ein kleines Treffen bei uns im Garten, aber das Wetter hat nicht gehalten. Bei uns stürmt es, und wir haben nur noch 5 Grad. Mein Onkel steigt aus seinem Wagen.

Anja: »René! Es ist eiskalt hier, und du hast nur ein T-Shirt an?«

Onkel: »Ich dachte ja eigentlich, ich fahre in den Süden.«

Obwohl wir uns nur kurz draußen aufgehalten haben, reicht das schon, damit er sich erkältet. Oder ist es vielleicht Corona? Ja, man weiß es nicht. Ein paar Stunden später erhält Mama die unerwartete Botschaft, dass mein Onkel seine Mutter doch nicht treffen kann, denn er will sie nicht anstecken und lieber auf Nummer sicher gehen. Da hat er sich selbst ein Überraschungsei gelegt. Zu schade. Also fährt René wieder schniefend nach Berlin zurück.

In der Zwischenzeit ist Papa aber auch auf dem Weg zu uns. Und damit es keine Leerfahrt ist, packt er, kaum bei uns angekommen, mit großem Abstand zu uns noch schnell die Hälfte des Kuchens ein und fährt auch wieder heim. Und weil wir vorsichtig sein wollen, sagen wir die Osterfeierlichkeiten ganz ab. Oma Mia ist nicht enttäuscht, denn sie weiß ja von nichts. Also feiern Nick und ich allein Ostern und legen die Füße hoch. Eigentlich auch mal schön, so ruhig. Schade nur, dass jetzt keiner die Eier suchen wird, die wir für alle versteckt haben. Dann muss halt Nelli ran ... so viele Eier nur für sie, dass wird *sie* sicher überraschen.

P. S.: Später stellte sich heraus, mein Onkel hatte zum Glück kein Corona, nur eine ordentliche Erkältung.

Sehnsucht

Anja: »Omma, nächsten Monat wirst du 104. Irgendwelche Wünsche?«

Oma Mia: »Ich würde gerne noch mal nach Bottrop fahren.«

Anja »Den Wunsch hast du wirklich jedes Jahr, und immer kommt was dazwischen.«

Oma Mia: »Wat klappt denn da nich?«

Anja: »Na ja, erst war es wegen unseres Buches, dann die Hochzeit, dann Corona, ach, und und und … und weißt du was, wir machen das jetzt einfach. Komme, was wolle!«

Oma Mia: »Dat wäre doll! Sonz fahr ich alleine!«

Für die Generationen nach uns

Ich habe mit Nick in einen kleinen Forstbetrieb eingeheiratet. Nachdem ich vor zwei Jahren einen Kettensägen-Lehrgang gemacht habe, kann ich inzwischen auch Bäume fällen, entasten, Traktor fahren und die Seilwinde bedienen.

Zu unseren Aufgaben gehört nicht nur die Pflege des Waldes, sondern auch das Thema »Waldverjüngung«. Wir pflanzen über 625 kleine, süße Weißtannen in den bestehenden alten Fichtenwald. Mit einem Abstand von circa drei bis fünf Metern zueinander – also ganz corona-konform. Hier helfen Eltern, Bruder, Schwester, Tante, Onkel, Cousine, Nachbarn und Freunde mit. Das sieht dann folgendermaßen aus:

Tag 1 und 2: Bohren

Nicks Bruder fährt mit einem kleinen Bagger vorsichtig durch den Wald und drückt den hydraulischen Bohrer am Ende des Baggerarms zwischen den alten starken Bäumen in den Boden. Nick läuft mit einem

Handbohrgerät zu den schlecht zugänglichen Stellen und bohrt dort die Löcher in den Waldboden.

Tag 2 bis 3: Pflanzen

Dann werden die Bäumchen per Hand einzeln in die Löcher gesetzt. Als Erstes stellt man den 30 bis 40 Zentimeter kleinen Tannensetzling nur mit der langen Wurzel in das Erdloch, schüttet das Loch mit Erde zu, klopft sie kurz fest, hebt das Pflänzchen wieder leicht an, damit die Wurzel gerade wachsen kann und unten nicht verbogen wird, und dann erst wird die Erde richtig angedrückt.

Tag 4 bis 5: Gießen

Dieses Mal fahren wir mit dem Traktor einen Behälter mit circa 1000 Liter Wasser zum Waldrand. Jedes Pflänzchen wird mit einer halben Gießkanne Wasser begossen. Und weil es gerade nach Ostern einfach nicht regnen will, machen wir das Ganze ein paar Tage danach ein zweites Mal.

Tag 6 und 7: Schützen

Weil dem Rehwild der obere Haupttrieb am besten schmeckt, müssen diese besonders geschützt werden, sonst wäre die ganze Arbeit umsonst gewesen. Jedes einzelne Bäumchen wird also noch liebevoll von uns mit unbehandelter Schafswolle an der Spitze umwickelt.

Tag 8 bis 600 Jahre: Wachsen und Genießen.

Das Bäumchen darf sich seines Lebens erfreuen. Eine Weißtanne kann bis zu 600 Jahre alt werden und hat ihr Umtriebsalter (erntereif) zwischen 90 bis 130 Jahren. Das heißt: Zwei Generationen später wird dort statt eines Fichtenwalds ein Tannen- und Buchen-Mischwald stehen.

Das hat jetzt vielleicht nicht direkt auf den ersten Blick etwas mit den Omas zu tun, aber mit dem Gefühl, was Schönes und Nachhaltiges für unsere Nachkommen zu hinterlassen. Ich habe mich oft gefragt, wer mich denn im Alter mal pflegen oder wer für uns später mal da sein wird. Zum einen gehe ich natürlich davon aus, dass Nick für mich da sein wird, aber wer sagt denn, dass ich im Alter überhaupt gepflegt werden muss? Sicherlich werde ich hier und da auf Hilfe angewiesen sein, aber das bin ich auch heute schon in manchen Lebensbereichen.

Hilfe anzunehmen ist kein Zeichen von Schwäche, sondern hat mit Geben zu tun. Man gibt anderen Menschen das Gefühl, nützlich zu sein. Und letztendlich darf man ruhig dem Leben vertrauen, dass es einen in schwierigen Zeiten nicht im Stich lässt, sondern immer jemand für einen da ist. Man muss nur die Augen und Ohren dafür offen halten und sich mit heiterer Gesellschaft umgeben.

Ich nehme jetzt Nick an die Hand, und wir kontrollieren mit Nelli unseren neuen kleinen Babywald. Die

Natur aufmerksam zu beobachten gehört zu dem Beständigsten und Erfüllendsten, was ein Mensch mit der Zeit für sich anfangen kann. Die Natur ist auch nach Corona, nach meinen Omas, nach meinen Eltern, nach uns noch da. Noch aber wartet Oma Mia nach dem Spaziergang zu Hause mit Mama auf uns.

Nick: »Was ist ein Keks unter einem Baum?«
Anja: »Weiß nicht!«
Nick: »Ein schattiges Plätzchen.«
Anja: »Erzähl den gleich ja nicht Omma, sonst bekommt sie sofort wieder Hunger!«

Reich mir die Hand, mein Leben

Endlich wird es wieder wärmer. Der Sommer setzt sich langsam durch, und ich sitze mit Oma Mia auf der Terrasse. Auf ihrem Schoß liegt das Buch »Oma, die Nachtcreme ist für 30-Jährige!«. Sie hat es inzwischen schon unzählige Male gelesen, und ich drücke ihr ein druckfrisches Exemplar in die Hand.

Anja: »Hier, Omma, ich habe ein ganz neues Buch für dich.«
Oma Mia: »Ach, steht da drin, wie et weitergeht?«
Anja: »Nee! Ach so? Es ist nur ein neues Exemplar. Ich dachte, weil deine Ausgabe schon ganz zerfleddert ist, deswegen habe ich dir ein Neues mitgebracht.«

Sie nimmt es und schlägt es vorne auf. Für sie ist jede Geschichte immer wieder neu. Und ihr Schmunzeln und ihr Lachen in ihrem Gesicht, wenn sie ihre eigenen Geschichten liest, erfreuen *mich* immer wieder aufs Neue. Trotzdem weiß ich, dass sie gerne wissen möchte, wie es weitergeht. Deswegen bin ich schon seit Längerem dabei, die Geschichten mit Oma Mia zu sammeln. Denn die ursprüngliche Motivation, all unsere Geschichten festzuhalten, waren viele Gespräche mit Oma Maria vor ihrer Tavi-OP, denn wer wusste schon, ob sie die überleben würde. Zum Glück hat sie das. Und da ich einmal dabei war, diese Geschichten zu sammeln, warum sollte ich nicht auch alles Weitere festhalten?

Ich dachte allerdings, weiter aufzuschreiben, wie Oma Maria von uns geht und wie das Leben ohne sie ist, schaffe ich nicht, denn am Ende ihres Lebens waren wir schon sehr eng miteinander verbunden, auch durch das gemeinsame Buch. Aber so schwer war es dann gar nicht, denn all die lustigen Momente, die danach passiert sind, haben mich von alleine weitergetragen. Weniger denken, einfach machen. Und auch all die Menschen, die mich gefragt haben: »Lebt Oma Maria eigentlich noch? Wie geht es denn Oma Mia? Wie geht es deinen Eltern? Habt ihr geheiratet?«, dieses Interesse hat mich auch fröhlich gestimmt.

Ich will die ganzen Geschichten Oma Mia zum 104. Geburtstag übergeben. Leider auch als eine Art Trostpflaster, denn es sieht so aus, dass wir es wieder nicht nach Bottrop schaffen. Irgendwie funktioniert es nicht, die komplette Familie am 15. Juli in Nordrhein-

Westfalen unter einen Hut zu bekommen. Vielleicht im Herbst.

Eine Woche später – ich sitze am Schreibtisch und will gerade für die Feierlichkeiten zum 104. Geburtstag von Oma Mia in Prien einen Raum in unserem Stamm-Café reservieren – ruft Mama an.

Ute: »Anja, nicht erschrecken, aber ich bin mit Oma im Krankenhaus.«

Anja: »Waaaaaaas? Was ist denn so plötzlich passiert?«

Ute: »Oma hat sich beim Trinken verschluckt, und irgendwas schien da noch quer zu hängen. Dadurch hatte sie Schwierigkeiten beim Essen und Trinken, und ich bin dann gleich zum Arzt mit ihr.«

Anja: »Uuuuund?«

Ute: »Der hat erst einmal nichts gemacht und gedacht, bei einer fast 104-Jährigen seien das Räuspern und ihre komische Atmung normal –«

Anja: »– und dann seid ihr gleich selbstständig ins Krankhaus gefahren?«

Ute: »Nein, aber wat sollt ich denn machen, wenn der Arzt sagt, alles sei gut?! Gestern wurde es nicht besser, dann bin ich einfach zu einem anderen Arzt gefahren. Der hat uns dann ohne zu zögern ins Krankhaus überwiesen.«

Anja: »Ich komm sofort!«

Ute: »Brauchst du nicht! Alles gut. Oma hängt jetzt am Tropf. Und weil sich eine Entzündung in der Lunge gebildet hat, bekommt sie Antibiotika. Dat schlägt gut an. Der Doktor meint, dat is normal, dass man sich im Alter mal verschluckt. Die Muskeln von Speiseröhre und Luftröhre schwinden einfach mit der Zeit, dat sei weiter nich so schlimm. Außerdem sehen die hier wegen Corona leider nicht so gerne Besucher. Aber sie wird gut gepäppelt und sieht schon wieder richtig rosig aus. Ich ruf dich an, wenn du uns in ein paar Tagen aus dem Krankenhaus abholen kannst.«

Anja: »Soll ich dann den Geburtstag absagen?«

Ute: »Nein, lass nur, ich glaube, bis in zwei Wochen ist sie wieder fit für ein Ständchen.«

Leider kommt alles anders. Einen Tag später ruft Mama gemeinsam mit dem Stationsarzt bei mir an.

Doktor: »Das Antibiotikum wirkt leider nicht mehr bei Ihrer Großmutter, und ich kann nicht versprechen, dass sie die nächste Stunde noch schafft. Sie ist den ganzen Tag schon wie weggetreten. Wollen Sie noch kommen?«

Anja: »Natürlich! Ich komme sofort.«

Und ob sie das schafft. Ich weiß, dass Oma auf mich wartet. Nick fährt mich nach Rosenheim, und auf der Autobahn sehen wir einen doppelten Regenbogen. Mmmh. Manche sagen ja, das ist eine Brücke zwischen Himmel und Erde, sodass die Verstorbenen den Weg leichter nach »oben« finden. Aber ich lasse mich davon nicht beirren und vertraue auf mein Gefühl, dass Oma wartet. 40 Minuten später stürme ich in ihr Krankenzimmer, und da liegt sie ganz friedlich und atmet sehr flach, aber gleichmäßig. Ich lege mich gleich zu ihr und löse Mama ab und halte Omas

Hand. Und auch Mamas. Ich flüstere ihr zu: »Hat sie denn noch was gesagt?« – »Nein, aber ich habe ihr gesagt, dass du noch kommst. Und dann hat sie gelächelt.«

Dann sitzen wir einfach da, und mir laufen die Tränen übers Gesicht. Da ist er also, der Moment, an dem auch meine zweite Oma geht. Ich lasse meinen Blick nach draußen schweifen und sehe, dass ein Regenbogen immer noch da ist. Nach einer Weile macht Oma tatsächlich die Augen auf, schaut mich ganz klar und bewusst an, lächelt und flüstert meinen Namen. Dann macht sie ihre Augen wieder zu und schläft weiter. Dieser bewusst erlebte, letzte gemeinsame Augenblick zwischen uns ist für mich das größte Geschenk, was sie mir für mein Leben mitgeben konnte.

Am Freitag, in der Nacht zum 2. Juli, ist Oma Mia für immer eingeschlafen und hat ihr erfülltes und langes Leben losgelassen.

Ausgefuchst

Wir haben uns weiter nie Gedanken darüber gemacht, wo Oma Mia beerdigt werden könnte. Ich habe sie zwar mal darauf angesprochen.

Anja: »Omma, wo willst du eigentlich mal beerdigt werden?«

Oma Mia: »Na, bei Heinz in Bottrop!«

Anja: »Das geht aber doch nicht, auf dem dortigen Friedhof ist leider nichts mehr für dich frei.«

Oma Mia: »Na, dann bei Ute.«

Anja: »Aber Mama lebt doch noch!«

Oma Mia: »Na, dann da, wo Ute eben hinwill.«

Ute: »Anja, wo willst du denn mal beerdigt werden?«

Anja: »Also, Moment mal, wieso bin ich jetzt dran?«

Ute: »Man weiß nie, wann es einen trifft. Und wenn Oma weiter so lebt ...«

Anja: »... also meine Asche darf man gerne in alle Winde verteilen.«

Oma Mia: »Dat is aber nix für mich! Ich möchte schon unter die Erde.« Und irgendwie war damit klar, es wird die bayerische Erde werden.

Jetzt ist es schon seltsam, anstelle des 104. Geburtstages Omas Beerdigung zu organisieren. Wir überlegen gerade, ob Oma Mia vielleicht Oma Maria auf der Blumenwiese »Gesellschaft leisten möchte«, da ruft mein Onkel an: »Es gibt die Möglichkeit, Oma doch in Bottrop zu bestatten.« – »Wie das denn?«, frag ich ihn ungläubig. »Das Grab von deinem Opa ist nach über 25 Jahren wieder freigegeben worden. Wir können Oma neben Opa legen, und ihr lang ersehnter Wunsch wird wahr.« – »Das gibt's doch nicht!« Und ich muss mich tatsächlich mal kurz setzen, weil mir Tränen der Freude übers Gesicht laufen. Vielleicht hat Oma Mia auch deswegen noch so lange gelebt, damit sie wieder neben ihrem heiß geliebten Ehemann Heinz liegen kann. Ausgefuchst!

Und erstaunlich, was mit der Zeit alles möglich ist.

Bottrop

Eine Woche später wird Oma Mia nach Bottrop überführt. Und mir fallen wieder ihre Worte ein, was sie sich zum 104. Geburtstag wünschte: Sie wollte nach Bottrop, und wenn sie allein fahren muss! Krass.

Dass sie allein gefahren wäre, hatte sie schon oft gesagt und wurde natürlich von uns nicht so ernst genommen, weil sie ohne fremde Hilfe nicht mehr hätte reisen können. Aber dass sie das dann so in die Tat umsetzen würde … unglaublich!

Für den weiteren Ablauf mit Oma Mia müssen wir uns nach den Vorschriften des dortigen Friedhofs richten und an die Machbarkeiten des Bestatters halten. Wir können aber noch bestimmen, dass Omas Beerdigung nicht auf ihren Geburtstag, den 15., sondern auf einen Tag später, den 16. Juli, fällt. Geboren und beerdigt am selben Datum ist vielleicht doch etwas zu heftig. Was zur Folge hat, dass wir am Vortag, eben an Omas 104. Geburtstag, alle zusammen mit dem Auto Richtung Bottrop fahren.

Nick ist Fahrer, mein älterer Bruder Beifahrer, und ich sitze hinten zwischen meinen Eltern. Wie damals mit zwölf, wenn wir in den großen Sommerferien zu »Oma und Opa Bottrop« die über 720 Kilometer vol ler Vorfreude ins Ruhrgebiet gefahren sind. Nur mit dem Unterschied, dass ich meinen Mann dabeihabe und meine Eltern nicht vorne sitzen. Aber Oma Mia ist auch dieses Mal schon in Bottrop und wartet auf uns.

Und ich muss es noch mal betonen, weil ich es so unfassbar finde und die ganze Fahrt über Richtung NRW darüber nachdenke: »Wir fahren tatsächlich an Omas 104. Geburtstag nach Bottrop.«

Anja: »Darf man trotzdem heute auf Oma anstoßen?«

Ute: »Ja klar. Und ein Ständchen singen wir ihr auch.«

Anja: »Jetzt seid ihr beide Waisenkinder.«

Jochen: »Die Betonung liegt auf weise Kinder.«

Ute: »Wie lautet eigentlich der Gedenkspruch?«

Anja: »Wie bei Oma Maria auch: Das Schönste, was ein Mensch hinterlassen kann, ist ein Lächeln im Gesicht derjenigen, die an ihn denken.«

»Da fällste doch vom Glauben ab!«

Meine Oma Mia und mein Opa Heinz hatten einen Altersunterschied von genau 10 Jahren und einem Tag. Und was wir alle in der Aufregung vergessen haben – der Tag nach Omas Geburtstag, also der Tag ihrer Beisetzung, ist gleichzeitig auch der 114. Geburtstag von ihrem Ehemann Heinz. Das ist wirklich mal ein außergewöhnliches Geschenk.

Und da wäre noch etwas, es heißt ja: »Bis dass der Tod euch scheidet!« Von wegen! In diesem Fall ist es eher eine sehr überraschende Vereinigung. Auch hiermit hat Oma bewiesen: Mit etwas Geduld fügt sich alles so, wie man es sich wirklich wünscht.

EPILOG

Und jetzt? Ich lasse die Trauer zu und weiterziehen. Erfüllung bleibt und keine Leere. Kein Weinen, sondern Lachen durchdringt mein Herz.

Natürlich habe ich mich schon das ein oder andere Mal gefragt, wie es wohl sein wird, wenn ich selbst einmal Oma bin, aber das werde ich wahrscheinlich nicht erleben. Nick und ich haben das Thema Kinder losgelassen. Wenn man offen für alles ist und eine entspannte Einstellung zu den Dingen hat, kann einem das Leben auch andere schöne Dinge in die Hand legen.

Viele denken, dass die eigenen Kinder erst ihr Leben erfüllen oder die große Liebe, die Karriere, die Partnersuche – aber ich denke, der Sinn des Lebens sind wir selbst. Auch den Sinn für ein freudvolles Leben haben wir selbst in der Hand.

Und was mir Oma Maria und Oma Mia für mein Leben an die Hand gegeben haben, ist Folgendes:

Es braucht

- *Neugierde, um Dinge zu erleben,*

- *die eigene Erfahrung,*

- *ein Ziel und ein wirkliches Wollen,*

- *positive Vorbilder,*

- *Beweglichkeit, um zu handeln und nicht behandelt zu werden,*

- *Mut, um seine Wünsche zu erfüllen,*

- *Achtsamkeit vor der Natur und für den eigenen Körper.*

… oder, wie Oma Maria sagen würde:

»Anja-Spätzchen, halt dich an die Natur. Wir kommen aus ihr, wir gehen wieder zu ihr. Die Zeit dazwischen vergeht so schnell. Nutze sie mutig und mache das, was dein Herz erfreut, und vertraue darauf. Der Rest fügt sich von allein.«

DANKSAGUNG
Facebook-Auszug vom 21. Dezember 2021

+++ Notruf-112.
Wenn was passiert ist, war Oma Maria schnell wie die Feuerwehr und sofort für mich da! Heute wäre Sie 112 Jahre alt geworden. Sie fehlt mir, aber sie ist im Herzen immer dabei. Zur Feier des Tages gibt es eine wunderbare Neuigkeit, die ich endlich verraten darf:
Das Oma-Buch bekommt eine Fortsetzung:
»Spätzchen, 109 ist doch kein Alter!« +++

Und hiermit möchte ich mich vor allem bei Ihnen, den Leserinnen und Lesern, bedanken, dass diese wunderbare Neuigkeit überhaupt möglich ist. Danke für so viel Anerkennung und schöne Worte für das erste Buch. Auch die im Internet(t) verfassten Kommentare lese ich sehr gerne, vor allem, wenn ich traurig bin. Ohne die von Ihnen mitgeteilte Begeisterung und die vielen Weiterempfehlungen des Buches hätte es dieses zweite Buch vermutlich nicht gegeben.

Darüber hinaus möchte ich mich noch bei dir, Alexandra, meiner Buchlektorin bedanken, dass du es möglich gemacht hast, mich auch beim zweiten Buch zu begleiten und mit mir eine schöne Balance gefunden hast, dass ich nicht zu viel und nicht zu wenig erzähle.

Danke dir, liebe Oma Maria, und danke dir, liebe Omma Mia, denn ohne euch gäbe es die Bücher wirklich nicht. So tödlich das hier für euch beide geendet hat, im Grunde bleibt ihr mir dadurch noch viel lebendiger.

Danke dir, René, für all deine sehr großzügigen Reisen und Feste, die du ausgerichtet hast.

Ich danke dir, Nick, dass du dich mit viel Geduld und Verständnis um meine Omas gekümmert hast und mir in vielen abendlichen Stunden meine Flüchtigkeitsfehler aus meinem Text gelesen hast.

Und, Mama, wenn du dir was in den Kopf gesetzt hast, ziehst du es durch. Koste es, was es wolle. Auch wenn ich manchmal Bedenken hatte, dass dein Opfer zu groß ist, du hast es immer mit viel Liebe für Omma getan. Danke dafür.

Und mit einer kleinen Anekdote zum Schluss möchte ich mich bei meinem Vater bedanken. Für seinen Mut, sein Leben noch mal selber in die Hand zu nehmen.

Er ist gerade 80 geworden und hat sich zum Geburtstag einen Umzug geschenkt. Papa ist aus der 65 Quadratmeter großen Mietwohnung, in der er mit seiner Mutter gewohnt hat, in ein kleineres Appartement gezogen. Genauso wie Oma Maria damals, die auch mit 80 Jahren noch einmal umgezogen ist. Sie wohnte bis 1989 im zweiten Stock eines Mehrfamilienhauses: »Weißt du, Jochen, bevor mir das Treppensteigen mit zunehmendem Alter so schwerfällt wie meinen Freundinnen, ziehe ich lieber vorsorglich schon mal in das Erdgeschoss.« Papa macht es genau umgekehrt. Er zieht jetzt vom Erdgeschoss in den zweiten Stock eines Mehrfamilienhauses, ohne Aufzug! Denn er vertraut darauf, dass er wie seine Mutter eine gute Beweglichkeit bis ins hohe Alter behält. Außerdem sagt er: »Mäuslein, wenn ich der Bewegung aus dem Weg gehe, kann ich ja nicht beweglich bleiben!«

Frei nach meinem Lieblingsgedicht ›Stufen‹ von Hermann Hesse:

(...) Der Weltgeist will nicht fesseln uns und engen,
Er will uns Stuf' um Stufe heben, weiten.
Kaum sind wir heimisch einem Lebenskreise
Und traulich eingewohnt, so droht Erschlaffen;
Nur wer bereit zu Aufbruch ist und Reise,
Mag lähmender Gewöhnung sich entraffen.
Es wird vielleicht auch noch die Todesstunde
Uns neuen Räumen jung entgegensenden,
Des Lebens Ruf an uns wird niemals enden,
Wohlan denn, Herz, nimm Abschied und gesunde!

1934: Oma Mia (22) auf der Hochzeit ihrer Tante

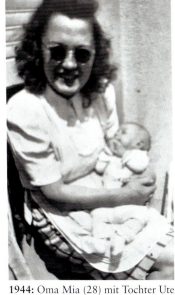

1944: Oma Mia (28) mit Tochter Ute

1950: Oma Mia (34) mit Tochter Ute (5) und Sohn René (3)

1969: Oma Mia (52) mit Tochter Ute und Ehemann Heinz

1973: Oma Mia (56) links mit Tochter Ute (29), Enkelkind André (1), Oma Maria (64) mit ihrer Mutter Maria (91) und Schwester Hedwig (66)

1982: Tochter Ute (38), Oma Mias Schwester Gertrud (63), Oma Mia (65) und Enkelkinder André (10) und Anja (5) in Bottrop

1987: Oma Mia (70) mit Enkelin Anja (10) bei Onkel René in Berlin

2004: Oma Mia (88) mit Enkelin Anja (27) beim Eisessen im Rosenheimer Stadtpark

2015: Oma Mia an ihrem 99. Geburtstag in einem Café am Chiemsee mit ihrem Sohn René und Enkeltochter Anja

2017: Die Omas Mia (100) und Maria (107) zu Besuch im Ullstein Verlag in Berlin: Alexandra (Lektorin), Ute (73), Anja (41) und Jochen (75)

2017: Oma Maria (107), nach ihrem Autounfall wieder Zuhause, schreibt sie zusammen mit Enkelin Anja an ihrem Buch.

2017: Oma Maria (107) hält das erste Mal ihr Buch in den Händen.

2017: Oma Maria (107) im Heim beim Foto-Shooting für die BILD

2017: Mit beiden Omas am zweiten Adventsabend in einem Café beim Lesen eines Beitrags über sie in der WAZ (Westdeutsche Allgemeine Zeitung)

2017: Anja feiert den 108. Geburtstag von Oma Maria mit einer gemeinsamen Signierstunde des Buches in der Buchhandlung Thalia in Rosenheim.

2017: Das letzte gemeinsame Weihnachten von Oma Maria (108) und Oma Mia (100): »Was brennt denn dahinten? Der Fernseher?«

2016: Wir verabschieden uns 2018 mit diesem Foto von den »Fans« auf Facebook (Oma Maria, 106) auf Mallorca.

2017: In Gedenken an Oma Maria gibt es auf Facebook 2018 einen letzten Gruß von unseren Anfängen: »Was macht eine 107-Jährige heute?«

2018: Anjas Junggesellinnenabschied im Allgäu

2018: Anja mit Bettina Tietjen beim NDR Talk »Tietjen und Bommes«

2018: Hochzeit im Grünen von Anja und Nick, ohne Brautstrauß ;-)

2018: Oma Mia (101) schnabuliert Schokoladeneis ohne Gebiss. Gut für die Zähne! ;-)

2019: Oma Mia mit 101 Jahren mit Enkelin Anja auf der Terrasse des Ferien-Appartements auf Gran Canaria

2019: Oma Mia (101) »fährt« mit Nick und Anja Shoppen in München: »Ich seh nix, ist so dunkel hier!«

2019: Oma Mias 102. Geburtstag beim Gockerlwirt am Simssee mit ihren beiden Kindern Ute und René

2019: Reit im Winkl – Innerorts mit »102« erwischt!

2019: Jochen und sein erstes Mal Gleitschirmfliegen mit 76 Jahren

2020: Anja und Jochen auf Teneriffa im Naturpark La Corona Forestal

2020: Nelli möchte auch was von Oma Marias (102) Keks abhaben.

2020: Oma Mia (102) mit Tochter Ute zu Besuch bei Anja und Nick

2020: Oma Mias 103. Geburtstag in Prien am Chiemsee (mit nostalgischer Dampflock von 1887, die nur 30 Jahre älter als Oma ist. ;-)

2013: Oma Mia mit 98 Jahren auf dem Oktoberfest / »Oide Wiesn«
Herzfoto von 2017 mit Oma Maria auf dem Rosenheimer Herbstfest

2021: Oma Mia (103) mit Tochter und Enkeltochter. Neben Anjas Kopf, rechts, hat sich noch ganz klein Oma Maria mit aufs Foto »geschlichen«. :-)

2017: Ganz »uneitl« stoßen wir auf Ihr Wohl an, liebe Leser:innen! Bleiben Sie gesund und munter! Ihre Anja mit Oma Maria